Volker Hauff wurde 1940 in Backnang geboren. Nach dem Besuch von Grundschule, Gymnasium und Wirtschaftsgymnasium studierte er als Stipendiat der Friedrich-Ebert-Stiftung von 1959–66 Wirtschafts- und Sozialwissenschaften an der Freien Universität Berlin (1966 Examen als Diplom-Volkswirt). 1968 promovierte er mit der Dissertation »Der Einsatz von Computern in der empirischen Wirtschafts- und Sozialforschung« mit Auszeichnung zum Dr. rer. pol.
Volker Hauff ist heute stellvertretender Vorsitzender der SPD-Bundestagsfraktion und deren forschungspolitischer Sprecher.

Für Dieter,

mit herzlichem Dank
für die Hilfe
und vielen guten
Wünschen!

Volker

Dez. 86

Originalausgabe

Umschlaggestaltung H & M Höpfner-Thoma, München
Gesamtherstellung Ebner Ulm
Printed in Germany 5 4 3 2 1
ISBN 3-426-03853-6

Volker Hauff:
Energie-Wende

Von der Empörung zur Reform

Mit den neuesten Gutachten zum Ausstieg aus der Kernenergie

Knaur®

ISBN 3-426-03853-6 780

Für Matthias und Tadeusz

»Zweifle nicht
an dem
der Dir sagt
er hat Angst
aber hab Angst
vor dem der
Dir sagt
er kennt keinen Zweifel«

ERICH FRIED

Inhalt

Vorwort

Meine Einschätzung über die zivile Nutzung der Atomenergie und deren Bewertung hat sich im Laufe der Jahre verändert. Das war ein langer Weg für mich.
Nach Harrisburg und endgültig nach Tschernobyl haben sich die Zweifel verdichtet.
Als Bundesminister für Forschung und Technologie habe ich 1979 die erste umfassende »Deutsche Risikostudie Kernkraftwerke« der Öffentlichkeit vorgestellt. Mir war damals klar, ein Unfall ist nicht völlig auszuschließen. Ich rechnete nicht damit, mehr noch, ich hoffte im stillen, daß das Unwahrscheinliche nie Wirklichkeit würde. Heute leugne ich nicht und kann auch nicht mehr verdrängen, daß das Unwahrscheinliche Wirklichkeit geworden ist. Unfälle bei der Atomkraft sind auch für die Zukunft nicht auszuschließen, weil es keine absolute Sicherheit gibt. Deshalb kann ich – nach diesen Katastrophen – über Fragen, die mit Reaktorsicherheit und dem sogenannten Restrisiko zusammenhängen, nicht mehr so denken und reden wie davor. Die Welt hat sich verändert – jedenfalls meine Welt.
Ich habe zwei Söhne, der ältere hat nach Tschernobyl schulfrei bekommen, weil die Radioaktivität auf seinem Schulhof so hoch war, daß gesagt wurde, das sei nicht mehr zulässig; und den jüngeren habe ich gebeten, nicht wie üblich den Rasen zu mähen. Ich habe das selbst gemacht. Und meine Söhne haben mich dann natürlich gefragt: Warum? Wir haben dann darüber gesprochen. Ich konnte nicht alle Fragen beantworten.
Was ist Radioaktivität? Wie wirkt sie? – Ich war manchmal

ratlos. Beispielsweise habe ich das abgemähte Gras nicht auf den Kompost getan wie sonst. Also wohin damit? Letztlich tat ich es in die Mülltonne – mit schlechtem Gewissen. Ich habe meine Eßgewohnheiten verändert.
Es gab mir ein Gefühl der Ohnmacht – der Wut.
Dieses Gefühl will ich nicht länger unterdrücken. Vielmehr will ich mir bewußt machen: Es ist höchste Zeit zum Innehalten, zum Nachdenken, zur Umkehr.
Deshalb habe ich dieses Buch geschrieben. Es ist eine sehr persönliche Sicht der Dinge. Dabei bemühe ich mich, den neuesten Stand der Wissenschaft zu berücksichtigen. Und es ist der Versuch, den Entwurf einer Zukunft ohne die Risiken der Atomkraft zu entwerfen. Nicht in allen Einzelheiten. Aber die Konturen werden sichtbar.
Ich will den Schritt wagen: Von der Empörung über die Unfälle zu einer Reform der Energiewirtschaft. Diesen Reformansatz hat Gustav Heinemann bei seinem Amtsantritt 1969 wie folgt beschrieben:
»Wir bleiben in diesem unseren Leben an die relative Utopie einer verbesserten Welt gewiesen, die vernünftigerweise allein das Leitbild unseres Handelns sein kann. Das Geheimnis auch der großen und umwälzenden Aktionen besteht darin, den kleinen Schritt herauszufinden, der zugleich ein strategischer Schritt ist, indem er weitere Schritte in Richtung einer besseren Wirklichkeit nach sich zieht.«
Ich wurde 1940 geboren. Mein bisheriges Leben umfaßt fast genau die Zeitspanne, die andere »Atomzeitalter« nennen. Wenn wir diese Zeitspanne im Verhältnis zur Menschheitsgeschichte sehen, so ist dieses knappe halbe Jahrhundert allenfalls ein Wimpernschlag der Menschheitsgeschichte. Aber das ist die Zeit, in der der Mensch erstmals die Möglichkeit geschaffen hat, das menschliche Leben auf der Erde zu zerstören. Das ist die Kraft des Atoms. Und deshalb hat Hans Jonas recht, wenn er mit einem »Neuen Imperativ« fordert: »Handle so, daß die Wirkungen deiner Handlungen

nicht zerstörerisch sind für die künftigen Möglichkeiten menschlichen Lebens.« (Hans Jonas, S. 36)
Die Probleme der Atomkraft sind sehr viel ernster, als ich vor 20 Jahren annahm. Der ermordete schwedische Ministerpräsident Olof Palme, der auch den Weg des Innehaltens, des Nachdenkens und der Umkehr gegangen ist, hat die unmenschliche Forderung, die diese Technik an den Menschen stellt, in dem Satz zusammengefaßt: »Wir sind die erste Generation, die sich keinen Fehler mehr erlauben darf.« Aber Menschen machen Fehler. Das wird so bleiben. Eine Technik, die vom Menschenbild der Unfehlbarkeit ausgehen muß, ist nicht zu verantworten.
Ohne jeden Zweifel brauchen wir Wissenschaft und Technik, um die Probleme unserer Welt zu lösen. In Zukunft eher noch mehr. Aber wir können keine Technik brauchen, die das Maß des Menschen sprengt. Deshalb bin ich für einen geordneten Ausstieg aus der Atomenergie. Ich suche eine menschengerechte Technik. Es ist nicht technikfeindlich, wenn ich aus der Atomkraft raus will; technikfeindlich ist der, der meint, wir könnten auf keinen Fall ohne Atomkraft leben. Wirklichen Fortschritt setzt derjenige durch, der zu neuen Ufern aufbricht. Unsere industrielle Zukunft gestaltet nicht derjenige, der mit Starrheit und Denkfaulheit an dem Atomkurs festhält.
Dieses Buch ist eine Einladung zur Diskussion, die sicher zu Kontroversen führen wird. Im *ersten Kapitel* beschreibe ich die Entwicklung der zivilen Nutzung der Atomtechnik, vor allem in der Bundesrepublik. Dieser geschichtliche Rückblick ist notwendig. Er dokumentiert den Lernprozeß, der in unserer Gesellschaft stattgefunden hat. Wir können vor dieser Geschichte nicht davonlaufen, wir dürfen sie nicht weiter verdrängen, wir müssen endlich die Entwicklung sehen, wie sie wirklich ist – mit allen Widersprüchen. Im *zweiten Kapitel* möchte ich die zur Zeit diskutierten Prognosen und Gutachten zum Ausstieg aus der Atomkraft darstel-

len und bewerten. Im *dritten Kapitel* stelle ich den Zukunftswert für eine Energieversorgung ohne Atomkraft vor. Dabei gibt es keine Patentrezepte. Aber Hinweise auf einen Weg aus der Gefahr. Einen verantwortbaren Weg, der eine begründbare Hoffnung schafft.
Die schwedische Autorin Astrid Lindgren hat einmal geschrieben: »Die Kindheit ist der Morgen des Lebens, und bei einem glücklich und sorglos erlebten Morgen kann einem Menschen später nicht mehr viel passieren.« Mich hat dieser Satz an das Gespräch erinnert, das ich mit meinen beiden Söhnen Matthias und Tadeusz nach Tschernobyl geführt habe.

Bonn, den 19. September 1986 Volker Hauff

I: Dreißig Jahre Entwicklung der Atomenergie: Traum und Alptraum

1. Prometheus als Vorbild

Wer nach den Ursachen und Entwicklungen der Nutzung der Atomkraft in der Bundesrepublik forscht, muß davon Abstand nehmen, daß es einen klaren Entwicklungsweg der Atomtechnik und der Atomwirtschaft gegeben hat.
Hahn und Strassmann bewiesen 1939 theoretisch nach einer langen wissenschaftlichen Entdeckungsreise, die über Einsteins Relativitätstheorie, Heisenbergs Quantenmechanik und Bohrs »Tropfenmodell« des Atomkerns führte, daß es eine andauernde Kettenreaktion bei der Uranspaltung geben kann. Damit war der theoretische Schlüssel zur Nutzung der Atomkraft entdeckt – das war ein halbes Jahr vor dem Ausbruch des 2. Weltkrieges. Diese wissenschaftliche Entdeckung lag in der Luft. Auch die vor den Nazis emigrierten Atomphysiker Fermi und Teller sowie der Engländer Szilard wie auch eine französische Forschergruppe hatten diesen theoretischen Schlüssel gefunden.
Was zunächst wie eine bahnbrechende Entdeckung nur für die Grundlagenforschung aussah, entpuppte sich beim näheren Hinsehen als neue technische Verheißung mit wahrer Sprengkraft – sowohl militärisch wie auch zivil. Es gab bei allen beteiligten Wissenschaftlern schon früh eine Diskussion über die Anwendungsmöglichkeiten dieser Entdekkung. Und es gab – vor allem in den USA – eine wachsende Sorge, daß die Nazis diese »Sprengkraft« für ihre Kriegsziele einsetzen könnten. Deshalb wurde in den USA mit einem ungewöhnlich hohen Aufwand am Bau der Atombombe gearbeitet, um Entwicklungen in Deutschland auf jeden Fall zuvorzukommen. Das Projekt »Manhattan« brachte den technischen Durchbruch: Die Bombe war da.

Mit Hiroshima und Nagasaki verlor die Atomphysik schon in der Geburtsstunde ihre Unschuld: Das Atomzeitalter begann nicht mit neuen Produkten oder billigem Strom, es begann mit »Massenvernichtung«. Diese Bombe war nicht eine Art »besserer Artillerie«, wie Adenauer später meinte. Es war etwas völlig Neues: Erstmals in der Geschichte der Menschheit hatte der Mensch die technischen Möglichkeiten geschaffen, mit einem Schlag ganze Kontinente unbewohnbar zu machen; es wurde möglich, die gesamte Menschheit zu vernichten.
Der Rüstungswettlauf zwischen Ost und West war eröffnet. Der Schrecken vor der Atombombe beherrscht seither die Welt. »Abschreckung« war das neue Zauberwort der Weltpolitik.
Beispielsweise in der Suez-Krise 1956 durch die Sowjetunion oder dann in der Kuba-Krise 1961 durch die USA. Am Beginn des Atomzeitalters standen Waffen.
»Kampf dem Atomtod«, das war die erste große Friedensbewegung bei uns. Als Schüler und dann als Student engagierte ich mich aktiv in dieser Bewegung. Damals fanden wir alle, daß die zivile Nutzung der Atomenergie etwas ganz anderes sei. Deshalb begrüßten wir die Initiative des amerikanischen Präsidenten Eisenhower »Atoms for Peace«. Die Regierung Konrad Adenauers mit dem Atomminister Franz-Josef Strauß, der später Verteidigungsminister wurde, nährte in diesem Jahrzehnt den Verdacht, sie wolle sich über die Entwicklung der zivilen Nutzung der Atomkraft die militärische Option für den Bau deutscher Atombomben offenhalten.
Nicht daß sie die Bombe sofort bauen wollten, sie wollten sich die Möglichkeit offenhalten. Als Ende der 60er Jahre der sogenannte Nichtverbreitungsvertrag von Atomwaffen bei uns ratifiziert werden sollte, stemmte sich Franz-Josef Strauß in ungewöhnlicher Weise gegen den Beitritt der Bundesrepublik zu diesem Vertragswerk. Er bezeichnete

diesen Vertrag als ein »Super-Versailles« für die Bundesrepublik. Die CDU/CSU lehnten die Ratifizierung im Deutschen Bundestag ab.
Neben dem Offenhalten der militärischen Option – die zwar kaum offen ausgesprochen wurde –, die durch die zivile Nutzung der Atomkraft ermöglicht wurde und die besonders bei der politischen Rechten in der Bundesrepublik Anklang fand, begann bei der Linken, vor allem in der SPD, die visionäre Phase von der zweiten industriellen Revolution durch die zivile Nutzung der Atomkraft.
Der Wissenschaftspolitiker Leo Brandt sagte auf dem Münchner Parteitag der SPD im Juli 1956: »In unserer Generation wagt es der Mensch, die Hand auszustrecken nach dem Urfeuer des Universums ... Ich nenne das die zweite prometheische Tat.« (Leo Brandt, S. 5) Auf diesem Parteitag wurde der »Atomplan der SPD« verabschiedet, den Leo Brandt so begründete: »Die Atomwissenschaft gibt uns nicht nur unerschöpfliche Brennstoffquellen, sondern eröffnet durch die radioaktiv strahlenden Isotopen unerwartet neue Möglichkeiten für die Medizin ..., für wichtige Gebiete der Technik ... Jedenfalls, ob nun Spaltungs- oder Fusionsenergie, die unterentwickelten Völker werden die notwendige Energiebasis erhalten. Wüsten können durch Entsalzen des Meerwassers bewässert, Urwälder oder arktische Gebiete mit Hilfe von Elektrizitätswerken, die durch die Luft versorgt werden, erschlossen werden. Schiffahrt und Luftfahrt werden auf den neuen Brennstoff übergehen. Ein halbes Kilo davon wird künftig ein Flugzeug achtmal um die Erde treiben können.« (Leo Brandt, S. 6) Carlo Schmid fügte auf diesem Parteitag eine ähnliche Vision hinzu: »Für 100 Millionen Kilowatt Energie braucht man 35000 Tonnen Kohle, künftig 35 kg angereichertes Uran, die in einem kleinen Köfferchen als Fluggepäck mitgenommen werden können ...« (Carlo Schmid, S. 6)
Heute klingt es schier unglaublich, mit welcher naiven

Begeisterung die Zukunft dieser Technik damals beschrieben wurde. Mit der Atomtechnik schien das »Perpetuum mobile« entdeckt.

Leo Brandt beschrieb auf diesem Parteitag die Funktionsweise eines kleinen Atomkraftwerks für Entwicklungsländer wie folgt: »Man braucht sieben Kisten aus Aluminium. Die Kisten sind durch Flugzeuge oder durch Lastkraftwagen zu transportieren. Die Kisten werden in der Arktis ins Eis eingegraben oder sie werden im Urwald, z. B. am Ufer des Amazonasstroms, in den Kies eingegraben, am Ende kommt ein Kabel heraus. Diese sieben Kisten sind ein 1½ Jahre lang unbedient und ungewartet laufendes, 10000 Kilowatt lieferndes Atomkraftwerk.« (Leo Brandt, S. 18)

Das war die Welt der Träume und Illusionen.

Ernst Bloch beschreibt im »Prinzip Hoffnung« auf ähnlich drastische Weise das Visionäre der Atomkraft. Er spricht über die Atomenergie als Energieform: »... die in der blauen Atmosphäre des Friedens aus Wüste Fruchtland, aus Eis Frühling machen kann. Einige hundert Pfund Uranium und Thorium würden ausreichen, die Sahara und die Wüste Gobi verschwinden zu lassen. Sibirien und Nordkanada, Grönland und die Antarktis zur Riviera zu verwandeln.« (Ernst Bloch, S. 775)

Auch hier die Vision, die naive Begeisterung für die Atomtechnik. Das alte Denkschema war noch ungebrochen, von Zweifeln nicht angetastet: Die Technik ist weder gut noch böse, es kommt darauf an, wie man sie nutzt. Fast mit Erleichterung sahen viele in der zivilen Nutzung der Atomkraft das moralische Gegenstück zu den verwerflichen Atomwaffen.

Wer diesem Denken folgte, der konnte Hiroshima und Nagasaki leicht verdrängen. Ende der 50er Jahre gab es weltweit einige wenige Forschungsreaktoren, der Beitrag der Atomkraft zur Stromversorgung in Ost und West war praktisch Null. Aber die Hoffnungen waren schier grenzenlos. Das war nicht nur bei uns so. In der Bundesrepublik sah man in der Atomtechnik auch eine »Zukunftssonne« am Himmel, die nach der furchtbaren Zeit der Nazidiktatur und des Krieges auf fruchtbaren Boden schien. Wir waren alle noch einmal davongekommen, und es gab Hoffnung für die Zukunft, Hoffnung durch eine Technologie, die uns Zugang zu einer nahezu unerschöpflichen Energiequelle zu verschaffen schien, zudem scheinbar sauber und nicht – wie im Bergbau – die Arbeiter mit 40 oder 50 Jahren schon an Staublunge dahinraffte. Strahlung hatte etwas Positives. Sie half heilen, sie half der Natur auf die Sprünge. Diese Visionen schafften einen Grundkonsens, eine positive Haltung zu einer Energiequelle, die theoretisch beschrieben wurde, aber praktisch niemand kannte. Nur wenige warnten vor den Gefahren der Strahlung radioaktiver Stoffe, wie beispielsweise Karl Bechert, SPD-Bundestagsabgeordneter und Vorsitzender des Ausschusses für Atomfragen. Er blieb ein Mahner, den kaum jemand hören wollte; er paßte einfach nicht in diese Zeit des visionären Aufbruchs. Die ersten mit Atomkraft angetriebenen Schiffe – es waren U-Boote – fuhren unter dem Nordpol durch. Gagarin flog als erster Mensch mit seinem Sputnik in den Weltraum. Düsenflugzeuge verdrängten allenthalben die Propellerflugzeuge. Es gab keinen Zweifel, der technische Fortschritt war verbunden mit einer nie gekannten Aufbruchsstimmung und Wohlstandshoffnungen. Wir sind wieder wer, hieß die Devise. Da wollte keiner zurückstehen. Technische Entwicklung und Fortschritt für den Menschen waren nahezu gleichbedeutend.

Damit war auch endgültig klar, daß die Vorstellungen des amerikanischen Außenministers Morgenthau begraben waren, der 1945 vorgeschlagen hatte, aus Deutschland einen reinen Agrarstaat zu machen – quasi als ewige Reparation für die Anzettelung eines barbarischen Krieges. – Diese böse Ahnung saß damals tief in den Köpfen der Politiker, der Wissenschaftler, der Ingenieure, der Gewerkschafter und der Facharbeiter in Deutschland. Wir waren ein Volk mit herausragenden Wissenschaftlern, mit vielen Nobelpreisträgern. Wir fühlten uns auf dem Gebiet technologischer Entwicklungen immer noch an der Weltspitze. Wir wollten dorthin zurück.

Die politische Rechte ebenso wie die politische Linke, die Wissenschaft und die Industrie wollten von dem Zukunftskuchen zivile Atomtechnik etwas mitbekommen. Die USA bauten Atom-U-Boote, Wasserstoffbomben und Forschungsreaktoren. Großbritannien beschloß ein Atomprogramm zum Aufbau einer eigenen Atomindustrie. In Calder Hall, Großbritannien, entstand das erste kommerzielle Atomkraftwerk, in Italien und Kanada gab es ähnliche Programme. In der Bundesrepublik ging die Angst um, daß der Fortschritt an uns vorüberginge. »Wir dürfen nicht zurückfallen« – so lautete die Warnung; Carlo Schmid sagte bei der Verabschiedung des Atomplans der SPD: »Heute gehören wir Deutsche auf dem Gebiet der Atomforschung zu den minderentwickelten Völkern. Uns ist die schwere Aufgabe der Selbstbehauptung und der Selbstbestimmung der Inhalte auch auf diesem Gebiet gestellt.« (Carlo Schmid, S. 15)

Wer heute die Zeitungen aufschlägt, der wird von den Befürwortern der Atomkraft besonders damit konfrontiert, daß ein Verzicht auf Atomkraft aus energiepolitischen Gründen nicht möglich sei. In den 70er Jahren war die Argumentation dazu sogar noch holzschnittartiger. Der damalige Wirtschaftsminister Friderichs (FDP) führte zusammen mit Ministerpräsident Filbinger (CDU) den Spruch ein, ohne Atomstrom »gehen die Lichter aus«. Man muß lange suchen, um in den 50er Jahren das Argument der drohenden Energielücke zu finden. Das Wirtschaftsministerium hatte damals unter Erhard die Kompetenz für die Energiepolitik. Energiepolitik war gleichbedeutend mit Kohlepolitik. Deutsche Kohle war knapp im Wiederaufbau.

Die Kosten der Förderung stiegen sprunghaft an. Das billige Öl drängte Ende der 50er Jahre erstmals auf die Weltmärkte. In der tatsächlichen Energieversorgung ging es um die Verdrängung der Kohle durch das Öl; die Atomkraft stand nur auf dem Papier – im sogenannten Eltviller Programm von 1957 – praktisch dem ersten deutschen Atomprogramm – waren für 1965 500 Megawatt vorgesehen. Das war noch lange kein Aufbruch zu einer neuen Energieversorgung.

Die Wissenschaft suchte einen Neubeginn. Für die Wissenschaft, insbesondere die Kernphysik, war in fast allen Ländern nach 1945 die Verknüpfung mit der Militärtechnologie die wichtigste Rahmenbedingung für die weitere Entwicklung dieser Technik. Die US-Leichtwasserreaktoren entstanden aus den atombetriebenen U-Booten; das britische Reaktorprogramm war in erster Linie ein unter militärischen Vorzeichen aufgelegtes Programm. In der Sowjetunion ging die Atomtechnik den gleichen Weg. Für die Atomphysik und für die Grundlagenforschung in der Bundesrepublik gab es aber nur den zivilen Weg der Atomenergie.

Gerade die Atomphysik brauchte in der Bundesrepublik einen Neubeginn. Die zivile Nutzung der Atomenergie war für sie der einzige Weg. In dieses Bild paßte es, daß die führenden bundesdeutschen Atomphysiker, unter ihnen Otto Hahn, Werner Heisenberg und Carl Friedrich von Weizsäcker, 1957 das »Göttinger Manifest« vorlegten. Es war vor allem entstanden als Reaktion auf die Bundesregierung, die mit dem Gedanken einer atomaren Bewaffnung der Bundeswehr liebäugelte.

Aus der Wissenschaft stammte damals das Dogma von der prinzipiell möglichen Trennung ziviler und militärischer Nutzung der Atomenergie. Über die Giftigkeit der radioaktiven Stoffe erfuhr die Außenwelt zunächst wenig. Der wissenschaftliche Streit ging um Reaktorlinien, um Reaktorbrennstoffe, um die Schließung des Reaktorkreislaufs.

Kaum einer bezweifelte die Trennung von militärischer und ziviler Nutzung. Die deutschen Wissenschaftler setzten zunächst auf eine Reaktorlinie mit Natururan und Schwerwasser. Bei diesem Reaktortyp ging es auch um Unabhängigkeit von der Urananreicherung, die von den USA monopolisiert wurde. Der in den USA bevorzugte Leichtwasserreaktortyp benötigte die Urananreicherung. Das Monopol zur Urananreicherung besaßen die USA. Der Leichtwasserreaktortyp ließ die Bundesrepublik in der Abhängigkeit von den USA, was außenpolitisch von den USA durchaus gewollt wurde, übrigens nicht nur gegenüber der Bundesrepublik.
Deshalb wollten die deutsche Wissenschaft, die Anlagenindustrie und die chemische Industrie zunächst nicht den Weg über den Leichtwasserreaktor gehen.
Für die Wissenschaft war der Natururanreaktor, der mit Schwerwasser moderiert war, das physikalische Optimum. Für die Industrie bot sich die Chance auf Eigenständigkeit. Das ökonomische Nadelöhr dieser Technologie war die Schwerwasserproduktion.
Die USA versuchten Mitte der 50er Jahre, die Bestrebungen zum Natururanreaktor zu unterlaufen durch das Angebot an äußerst preisgünstigem angereichertem Uran. Diese Angebote wurden vor allem dadurch attraktiv, daß die USA bereit waren, das Know-how zum Bau von Leichtwasserreaktoren zu günstigen Bedingungen zur Verfügung zu stellen. Die erste Generation deutscher Leichtwasserreaktoren wäre ohne die großzügige Unterstützung, auch finanzieller Art, durch die USA kaum gebaut worden.

2. Die Zeit der Widersprüche

Es gab in der deutschen Wirtschaft in den 50er Jahren keine eindeutige Festlegung auf die Atomkraft. Die deutsche Industrie hatte mit dem Wiederaufbau andere Sorgen.

Visionen, die sich allzuweit vom Alltäglichen entfernten, waren nicht gefragt. Anders als bei Wissenschaft und Politik gab es in der Industrie keine Begeisterung für die Atomenergie, denn die zivile Nutzung der Atomenergie war in keiner Weise ökonomisch begründbar: Wo gab es Referenzanlagen, wo Exportmärkte, wo eine Nachfrage nach Atomstrom im Inland? Sicher, es gab gewichtige Mentoren in der Wirtschaft, die in der Atomenergie eine Chance für die längerfristige Zukunft erblickten. Dies waren vorwiegend einzelne Personen: Mandel von RWE, Winnacker von Hoechst, Finkelnburg von Siemens und Schulten von BBC.

Das Hauptproblem bestand in den hohen Investitionskosten für ein Atomkraftwerk. Niemand wollte ein solches Risiko eingehen. Die chemische Industrie war noch am ehesten bereit, in die Atomenergie einzusteigen, da sie bei der Schwerwasserproduktion und später bei der Wiederaufbereitung ein großes Geschäft witterte. Die chemische Industrie zog sich dann völlig aus der Atomenergie zurück, weil die Entscheidung zugunsten des Leichtwasserreaktors fiel und die Wiederaufarbeitung ein Zuschußgeschäft zu werden drohte. Die Schwerindustrie und der Bergbau setzten auf die Kohle.

Die Verbundunternehmen der Elektrizitätsversorgung sahen die Atomenergie nur in den kohlefernen Gebieten als Zukunftsoption. Doch auch hier war Atomstrom noch viel zu teuer, weil niemand genau sagen konnte, was die Kilowattstunde aus Atomenergie wirklich kosten würde. Im Rheinisch-Westfälischen Elektrizitätswerk gab es zu Beginn der 60er Jahre im Vorstand eine lebhafte Kontroverse, ob es besser sei, auf Braunkohle oder auf Atomenergie zu setzen.

Allein die großen Elektrokonzerne Siemens und AEG versprachen sich ein Geschäft. Potentielle Exportkunden waren auch schon ausgemacht, besonders die aufstrebenden

Staaten in der Dritten Welt, die man heute auch Schwellenländer nennt: Indien, Pakistan, Ägypten, Iran, Irak, Brasilien, Argentinien.

Den Elektrokonzernen und Anlagebauern ging es ums Geschäft. Dazu waren exportfähige Anlagen wünschenswert, die den gesamten Brennstoffkreislauf umfassen: Die Bundesrepublik mußte Mitte der 70er Jahre die schmerzhafte Erfahrung machen, daß ihre Exportinteressen, beispielsweise in Brasilien und Argentinien, von den USA – meines Erachtens nicht aus handelspolitischen Interessen – sondern besonders aus militärstrategischem Interesse, durchkreuzt wurden, weil durch den Brennstoffkreislauf die Nichtverbreitung von Atomwaffen in Gefahr war.

Der Natururantyp kam in der Bundesrepublik nicht zum Durchbruch, obwohl in der Kernforschungsanlage Karlsruhe (KFK) Anfang der 60er Jahre mit dem Mehrzweckforschungsreaktor (MZFR) von 50 Megawatt ein Natururanschwerwasserreaktor gebaut wurde. 1966, nach Fertigstellung dieses Reaktors, war dieser Reaktortyp überflüssig geworden, die Leichtwasserreaktortechnologie aus den USA hatte sich zur Überraschung der gesamten Wissenschaft durchgesetzt. Dafür sprachen sowohl politische als auch ökonomische Gründe.

Wer heute freilich glaubt, die Atomenergie hätte sich gradlinig entwickelt, der irrt gewaltig. Das ökonomische Interesse der Elektrizitätswirtschaft war am Anfang sehr gering. Die energiepolitische Notwendigkeit war bei wachsenden Kohlehalden sowie bei billigem und reichlich sprudelndem Öl nicht zu begründen.

Es gab ein wissenschaftliches und ein politisches Interesse an der Atomenergie. Das führte zur Gründung von Kernforschungszentren in Karlsruhe und Jülich sowie in Geesthacht bei Hamburg. Die Kernforschungsanlage Karlsruhe wurde vom Bund, dem Land Baden-Württemberg und der Wirtschaft getragen; die Wirtschaft hat dann später ihren Anteil dem Staat »zurückgeschenkt«. In Jülich lag die Initiative zunächst beim Land Nordrhein-Westfalen, besonders durch den Wissenschaftspolitiker Leo Brandt. In Geesthacht ging es um den Schwerpunkt atomangetriebene Handelsschiffe. Trotz dieser forschungspolitischen Initiativen stand die Atomkraft energiepolitisch Anfang der 60er Jahre kurz vor dem Absturz.

Das Atomministerium, anfangs ohne Kompetenzen und mit wenig Geld ausgestattet, als strategisches Vehikel von Adenauer benutzt, hatte keine Durchschlagskraft gegenüber anderen Ressorts. Es war eingeklemmt zwischen dem für Energiepolitik zuständigen Wirtschaftsminister Erhard, dem Verteidigungsminister Strauß und dem nicht an Atomenergie als Energieform interessierten Bundeskanzler Adenauer. Die Wirtschaft und die Industrie waren nur bereit, die Atomenergie weiter zu betreiben, wenn der Staat das Geschäft für übermorgen organisierte und finanzierte.

Der Staat setzt auf Atomtechnik

Mitte der 60er Jahre übernahm Stoltenberg das aus dem Atomministerium hervorgegangene Wissenschaftsministerium. Stoltenberg sah, daß die Einfuhrungs- und Innovationsphase einer Technologie wie der Atomenergie nur mit massiver staatlicher Unterstützung durchzusetzen war. Und er beschaffte das Geld, damit legte er die Struktur der Forschungsausgaben des Staates für viele Jahre fest.

Die Elektrizitätsversorgungsunternehmen bestellten die erste Generation von Leichtwasserreaktoren. Gundremmingen, Lingen und Obrigheim hießen die ersten Standorte für kommerzielle stromproduzierende Atomkraftwerke in der Bundesrepublik. Der Anschluß an die Weltspitze war dann doch Ende der 60er Jahre geschafft. Bei der Finanzierung gingen die Elektrizitätsversorgungsunternehmen in erster Linie den Staat an, er finanzierte Investitionen und den

Betrieb mit. Der erste Schritt auf dem Weg zur Großtechnologie war geschafft, obwohl die Atomkraftwerke energiewirtschaftlich noch keine große Bedeutung hatten. Es gab in der Bevölkerung eine ganz breite Zustimmung für die Atomenergie. Das verstärkte sich noch nach der ersten Nachkriegsrezession. Hier bot sich eine neue Zukunftstechnik an. Gundremmingen ging in Betrieb, Lingen und Obrigheim folgten; die Standorte waren revierfern. Die Hauptrisiken trug der Staat. Der spekulativen Phase der Atomenergie folgte die Lernphase unter dem Dach eines staatlichen Managements, das der Industrie und der Elektrizitätswirtschaft starke Schützenhilfe leistete.

Die Atomkraft kommt auf leisen Sohlen

Trotz der Rezession im Steinkohlebergbau verbreiterte die Atomkraft ihre technologische und auch energiewirtschaftliche Basis. Die Kernforschungszentren schafften den technologischen Unterbau. Neue Forschungsreaktoren wurden gebaut und vom Staat finanziert. Die Industrie, in den 50er Jahren wegen ihrer Marktwirtschaftsideologie noch völlig abweisend gegen staatliche Unterstützung, erkannte, daß sie vom Zusammenspiel Wissenschaft – Staat – Wirtschaft nur profitieren konnte. Die Wissenschaft versammelte sich in den Kernforschungszentren; weit ab von den Hochschulen, die zu dieser Zeit unter anderem zu Stätten des Protestes gegen den Vietnamkrieg wurden. Die großen Konzerne sicherten sich gegen Außenseiter ab. Diese erhielten keinen Zugang zu wissenschaftlichem Know-how und zu Finanzmitteln des Staates. Die Informationsstränge liefen über enge personelle Verflechtungen, die einen besonders eindrucksvollen Ausdruck in der Errichtung des Deutschen Atomforums fanden. Hier waren alle aus Staat und Politik, Wissenschaft und Wirtschaft versammelt, die Einfluß hatten. Das ging sehr geräuschlos voran. Außenseiter und

Skeptiker waren hier ausgeschlossen. Die Atomkraft kam somit in den 60er Jahren auf leisen Sohlen.
Man fragt sich heute: Wie kam es, daß sich das Parlament und die gesellschaftlichen Gruppen in den 60er Jahren kaum mit der Atomenergie beschäftigten? Mit der Verabschiedung des Atomgesetzes 1959 schien die Politik im Bundestag das Thema Atomenergie zunächst beiseite gelegt zu haben.
Das Parlament beschäftigte sich in dieser Zeit kaum mit dem Ausbau der Kernforschungszentren, auch die grundlegenden Fragen zum schnellen Brüter und zum Hochtemperaturreaktor wurden kaum diskutiert.
Der Wissenschaftsminister schaffte Fakten, die vom Deutschen Bundestag akzeptiert wurden. Ich kann mich noch gut daran erinnern, wie ich – als gerade in den Bundestag gewählter Abgeordneter – 1970 im Ausschuß für Bildung und Wissenschaft an einem Hearing zum Schnellen Brüter teilnahm. Es gab damals einen einzigen Kritiker dieser Reaktorlinie, Kurt Rudzinski, und dabei bezog sich seine Kritik nur auf ein Detail der Bauweise, nämlich auf das Kühlmittel. Von einer grundsätzlichen Kritik an der Plutoniumtechnik war noch nichts zu hören.
Die positive Grundhaltung innerhalb der Gesellschaft über die zivile Nutzung der Atomenergie hatte sich in den 60er Jahren ohne Bruch fortgesetzt. Es gab zwar keine große Atomeuphorie mehr. Es gab aber auch keine Störfälle bei atomtechnischen Anlagen, die öffentlich bekannt wurden.
Im Ausland gab es damals Unfälle, die zunächst nicht bekannt wurden. Wir wissen heute von drei schweren Unfällen, einmal in der Wiederaufarbeitungsanlage von Windscale, Großbritannien (1957), von einem Unfall bei der Endlagerung in der Sowjetunion am Ende der 50er Jahre und beim Brutreaktor Enrico Fermi in den USA (1966), der wie auch das Atomkraftwerk in Niederaichbach

in Bayern kurz nach der Inbetriebnahme stillgelegt werden mußte. Eine öffentliche Diskussion über diese Störfälle fand aber nicht statt, eine parlamentarische Diskussion nur am Rande.
Nach der Bestellung der Atomkraftwerke von Stade und Würgassen stand die Atomkraft an der Schwelle der 1000 Megawattgrenze. 1969 wurde sie mit der Bestellung des Atomkraftwerks von Biblis A im Rhein-Main-Gebiet erreicht. Die Atomkraft hatte sich endlich technologiepolitisch durchgesetzt, energiepolitisch war sie immer noch nahezu bedeutungslos.
Regenerative Energiequellen galten, gemessen an den Verheißungen der Atomkraft, nicht als Alternativen. Nicht, daß sie in den 50er Jahren bewußt unterdrückt wurden; sie hatten weder einen wissenschaftlichen Unterbau noch eine industrielle Lobby oder öffentliche Bühne, da sie sich nicht in das übliche Bild der industriellen Technik einfügten. Die Windmühle und das kleine Wasserkraftwerk waren eher Technologien von vorgestern als von übermorgen. Warum sollte man also diese »vorsintflutlichen« Technologien zum Gegenstand der Zukunftsforschung machen? Diese mehr psychologischen Aspekte der Durchsetzung von technologischen Innovationen dürfen bei der Diskussion um die Atomenergie nicht zu gering eingestuft werden.

3. Der Traum wird zum Alptraum

In den 70er Jahren schien es zunächst so, als ob die Atomenergie zwar von einer kleinen Gruppe kritisiert würde, aber an ihrem Siegeszug nicht zu zweifeln sei. Einige besonders forsche Politiker gaben für die Bundesrepublik die Devise aus: Jedes Jahr bauen wir zwei neue Atomkraftwerke. Gleichzeitig damit stellten sich die ungelösten Probleme der Entsorgung, der Nichtverbreitung von spaltbarem Material und der Sicherheit der Anlagen mit wachsendem Druck.

Sicherheit: Ein Problem läßt sich nicht mehr leugnen

Die Diskussion über das sogenannte Restrisiko der Atomkraft war bis dahin kaum aus dem inneren Zirkel der Experten nach außen gedrungen. Obwohl diese Diskussion zwischen den Experten sehr kontrovers geführt wurde. Im Ausland mehr als bei uns. Edward Teller beispielsweise, der am Bau der Atombombe und der Wasserstoffbombe maßgeblich beteiligt war, betonte 1956 gegenüber RWE-Vertretern, daß beim Austritt von Radioaktivität ganze Städte zu evakuieren seien oder ganze Landstriche für immer zum Bewohnen aufgegeben werden müßten. Er brachte in die Sicherheitsdebatte die unterirdische Bauweise ein. In der Reaktorsicherheitskommission der Bundesrepublik wurden der Berstschutz des Reaktordruckgefäßes, das »Doppel-Containment« um die Reaktoranlage, die unterirdische Bauweise für die Gesamtanlage als technische Sicherheitsvorkehrungen diskutiert. Denn eines war deutlich geworden: Es gab mittlerweile mehrere ernste Störfälle. Die Antwort auf diese Störfälle war eine technische Sicherheitsdiskussion. Bei dieser technischen Sicherung gab es innere Konflikte, und zwar den Konflikt zwischen Sicherheit und Wirtschaftlichkeit.
Da auf die Bundesrepublik amerikanische Standortkriterien und damit auch Sicherheitsrisiken nicht einfach übertragbar waren, empfand die Atomindustrie die besonderen Sicherheitsauflagen als technische und ökonomische Zumutung. An den ersten Standorten in Gundremmingen und in Würgassen entstand die Diskussion um den Wasserschutz. Wie waren die Anlagen bei Störfällen gesichert gegen Grundwasserverseuchung? Als Biblis A 1969 ohne Kühltürme in Auftrag ging, tauchten die Diskussionen vor Ort auf:

»Wenn der Rhein dampft« oder »Vater Rhein unter Dampf«. An der Oberweser bei Würgassen gab es eine ähnliche Diskussion. Die Gefahr der Aufheizung der Flüsse ohne besondere Kühltürme konnte nicht mehr geleugnet werden. Die Störfalldiskussion, die Strahlenschutzfrage, die Umweltbelastungen gingen erstmals über die inneren Zirkel der Experten der Atomenergie hinaus. Wider Willen war die Atomindustrie gezwungen, sich der öffentlichen Diskussion zu stellen. Aus den USA kamen erste Studien über die Risikoabschätzungen von großen Unfällen. Der sogenannte Rasmussen-Report in den USA löste Ende der 70er Jahre eine breite Sicherheitsdiskussion aus. Diese Studie versuchte, das Risiko und die Wahrscheinlichkeit eines großen Unfalls zahlenmäßig abzuschätzen. Das Ergebnis war damals: Die Eintrittswahrscheinlichkeit eines großen Unfalls sei außerordentlich klein. Das Ausmaß eines solchen Unfalls wurde auch beschrieben. In der deutschen Risikostudie von 1979 wurde es für die Bundesrepublik errechnet, mit dem Ergebnis, daß bei einem großen Unfall in der Bundesrepublik mit mehreren tausend Toten sofort zu rechnen sei, Hunderttausende Menschen evakuiert werden müßten, ganze Landstriche der Bundesrepublik auf lange Zeit unbewohnbar blieben.

Aber auch die deutsche Risikostudie ging von der Grundannahme aus, die Eintrittswahrscheinlichkeit eines großen Unfalls sei unwahrscheinlich klein: Einmal in 10000 Reaktorbetriebsjahren sei nur mit solch einem Unfall zu rechnen. Vor diesem Hintergrund hielt die Politik – ich schließe mich da ein – die Atomenergie für verantwortbar, vor allem deshalb, da alles getan wurde, um die technische Sicherheit der Atomenergie weiter zu erhöhen, um die Eintrittswahrscheinlichkeit eines großen Unfalls immer weiter zu verkleinern. Die Mehrheit der Menschen ist der Wissenschaft, der Technik und der Politik in dieser Sicherheitsbeurteilung zunächst gefolgt. Aber es gab eine wachsende Minderheit, die grundsätzliche Fragen stellte. Nach Harrisburg und nach Tschernobyl wurde es noch deutlicher. Die Eintrittswahrscheinlichkeit eines großen Unfalls ist zwar sehr klein, aber der Unfall ist nicht auszuschließen. Und die Folgen sind zeitlich und räumlich nahezu unbegrenzt. Die Qualität des Risikos der Atomenergie ist unvergleichbar mit Risiken anderer Technologien. Heute müssen wir uns mit der Qualität dieses Risikos auseinandersetzen. Denn: Es gibt keine Technik ohne Risiken, auch wenn die technischen Vorkehrungen bei der Atomenergie laufend verbessert werden. Der Satz bleibt gültig: Ein großer Unfall ist nicht auszuschließen. Er kann morgen passieren. Und das Ausmaß eines Unfalls ist nicht zu rechtfertigen. Wie Tschernobyl gezeigt hat, betrifft es fast einen ganzen Kontinent; obwohl in Tschernobyl nur 4 % des radioaktiven Materials in die Umgebung ausgetreten sind, wie russische Quellen nachweisen. Die Weltenergiekonferenz hat 1983 eine Prognose abgegeben für einen Weg mit Atomenergie. Danach wäre für das Jahr 2050 mit 20000 Atomkraftwerken weltweit zu rechnen. Wenn man dieser Prognose folgt, so müßten unsere Kinder und Kindeskinder auf der Basis der Studien über Reaktorsicherheit und der Unfälle von Harrisburg und Tschernobyl konservativ geschätzt alle 2 Jahre auf der Welt mit einem großen Unfall wie in Tschernobyl leben. Bei diesen Aussichten halte ich es nicht für verantwortbar, weiter den Atomenergieweg zu gehen.

Ein Dogma zerbricht: Die Trennung der zivilen und militärischen Nutzung

In einer Studie der Ford-Foundation aus dem Jahre 1977 schrieben die Verfasser: »Aus unserer Sicht ist das am schwersten wiegende Risiko im Zusammenhang mit der Kernenergie die damit verbundene Ausweitung des Kreises der Länder mit Zugang zu der Technologie, den Materialien und den Anlagen, die den Bau von Kernwaffen ermöglichen.« (Ford Foundation, S. 33) Mitte der 70er Jahre waren weltweit ca. 70000 Megawatt in Atomenergieanlagen in Betrieb. Die Erfahrungen seit Eisenhowers Proklamation »Atoms for Peace« im Jahre 1953 waren ernüchternd. Es gab keine technische Trennung der zivilen und militärischen Nutzung von Atomenergie. Die Fähigkeit zum Bau von Atombomben, und zwar über den Weg der zivilen Nutzung der Atomenergie, hat sich weit über die Atomwaffenstaaten USA, Großbritannien, UdSSR, Frankreich und China ausgeweitet.

Indien hat die Atombombe. Als ich 1979 als Bundesminister für Forschung und Technologie in den USA zu einem Regierungsbesuch war, zeigten mir Vertreter der amerikanischen Regierung Luftaufnahmen von Anlagen in Pakistan, die eindeutig zum Bau der Atombombe angelegt waren. Brasilien, Argentinien, Israel, Südafrika, Iran, Ägypten standen an der Schwelle, sich die technologischen Fähigkeiten zum Bau der Bombe zu erwerben.

Das 1974 abgeschlossene größte deutsche Exportgeschäft zur Lieferung eines geschlossenen Brennstoffkreislaufs an Brasilien hatte die Wirkung einer losgetretenen Mine.

Präsident Jimmy Carter drohte zusammen mit Kanada mit einem Lieferboykott für angereichertes Uran an die Bundesrepublik Deutschland. Die Grenzen des Exports von Atomenergieanlagen wurden deutlich. Die Supermacht USA sah ihre restriktive Nichtverbreitungspolitik von Atomwaffen durch die deutschen Exporte gefährdet. Die von den USA verlangten Sicherungsmaßnahmen wurden im wesentlichen akzeptiert. Die Politik der Nichtverbreitung von Atomwaffen wurde von der Bundesrepublik unterstützt. Trotzdem: In der Atomindustrie in der Bundesrepublik wurde dieser Konflikt als unfairer Wettbewerb angesehen und dem amerikanischen Präsidenten unterstellt, mit dem Druckmittel des Lieferboykotts für angereichertes

Uran amerikanische Wirtschaftsinteressen zu unterstützen.
Die Wirklichkeit sah anders aus. Das brasilianische Atomenergieprogramm war keine energiepolitische Notwendigkeit, die Wasserkraftreserven in Brasilien wären ausreichend und auch kostengünstiger.
Das Dogma von der Trennung der zivilen und militärischen Nutzung war zerbrochen. Eine damals abgehaltene internationale Konferenz zur Bewertung der sogenannten »Proliferationsrisiken« des Brennstoffkreislaufs, INFCE genannt, hat dann eine Reihe von Vorschlägen erarbeitet, welche Konsequenzen daraus zu ziehen sind.
Wir müssen heute zur Kenntnis nehmen und akzeptieren: Wer bei der zivilen Nutzung der Atomkraft den Brennstoffkreislauf beherrscht, hat damit auch die Fähigkeit, die Bombe zu bauen. Es gibt in diesem Fall keine technische Trennung zwischen den beiden Arten der Nutzung dieser Energien.

Die Mär vom billigen Strom

Die Atomenergie – auch das wurde deutlich seit Mitte der 70er Jahre – ist nicht nur eine der kapitalintensivsten und arbeitsplatzärmsten Technologien, sondern sie ist auch nicht billig, obwohl das noch immer behauptet wird.
1977 lagen die Baukosten eines Atomkraftwerks pro Kilowattstunde bei 1200 DM. 1980 bei 1900 DM, 1985 bei 3500 DM und heute beim Atomkraftwerk Mülheim-Kärlich sind dies über 4500 DM.
Kohlekraftwerke, entschwefelt und entstickt, kosten nur etwa halb soviel. Eine solche Preissteigerung ist einmalig in der Geschichte der Technik. Und dies ist eine weltweite Entwicklung.
Traube/Ullrich legten 1982 in einem Vergleich Atomkraft

zu Steinkohle dar, daß der Kostenvorteil der Atomenergie aus der Vergangenheit heute verschwunden ist. Dabei sind die vollen Kosten der Beseitigung beziehungsweise der Wiederaufarbeitung des Atommülls und der Stillegung sowie Abwrackung der Atomkraftwerke noch nicht einmal bekannt.

Die geplante Wiederaufarbeitungsanlage in Gorleben sollte entsprechend der Planungen von 1975 jährlich 1500 t abgebrannter Brennelemente aufarbeiten und zwischen 1,5 bis 2 Mrd. DM kosten. Heute, in Wackersdorf, sollen nur noch 350 t pro Jahr aufgearbeitet werden. Diese Anlage wird mindestens 10 Mrd. DM kosten.

Mit anderen Worten: Ein Viertel der Kapazität soll etwa fünfmal so viel kosten. Auch die direkte Endlagerung wird immer teurer. Die vollen Kosten sind noch nicht bekannt. Wir wissen nicht einmal, ob der Salzstock Gorleben, der als Endlager vorgesehen ist, dafür überhaupt geeignet ist.

Dies alles sind Kosten des Brennstoffkreislaufs bei normalem Betrieb. Die Kosten für Störfälle oder Unfälle, die auch noch auf die Volkswirtschaft zukommen, kann niemand genau berechnen.

Das Ökoinstitut geht in seinem jüngsten Gutachten für die Bundesregierung auf diese Frage ein. Im Falle eines großen Unfalls in den Atomkraftwerken Stade oder Krümmel müßte die Bevölkerung Hamburgs und eines Teils seiner Umgebung evakuiert werden, vermutlich für längere Zeit. Bereits unter dieser Annahme und der zusätzlichen Voraussetzung, daß die landwirtschaftlichen Erzeugnisse in Niedersachsen und Schleswig-Holstein in diesem Fall unverkäuflich würden, ergäbe sich auf das Jahr gerechnet ein Produktionsausfall in der Größenordnung von 100 Mrd. DM.

Rechnet man Evakuierung, Gesundheitsversorgung, Entschädigung für Strahlentote und Strahlenverseuchte hinzu, schätzt das Ökoinstitut die Kosten auf 200 Mrd. DM. Der Unfall in Harrisburg 1979 kostete insgesamt 1 Mrd. Dollar.

Die heute von der Sowjetunion angegebenen Kosten des Reaktorunfalls in Tschernobyl werden vom ZK der KPdSU mit 6 Mrd. DM angegeben. Die bisherigen Entschädigungsleistungen der Bundesregierung für Tschernobyl liegen bei ca. 250 Mio. DM.

Das Problem Atommüll

Radioaktive Abfälle entstehen in allen Teilen des Brennstoffkreislaufs und im Atomkraftwerk selbst. Die Beseitigung der Atomabfälle hat sich als das zentrale weltweit ungelöste Problem der zivilen Atomenergienutzung herauskristallisiert.
Zu Beginn der Atomenergienutzung hatte man dem Abfallproblem kaum Bedeutung beigemessen. Man hielt es für technisch lösbar, da der Großteil der abgebrannten Brennelemente wiederaufgearbeitet werden sollte, um ihn in den Brennstoffkreislauf zurückzuführen.
Wiederaufarbeitungsanlagen, die bis dahin ausschließlich dem Zweck der Produktion von Plutonium für Atombomben dienten, waren vorwiegend in den USA und Großbritannien erprobt.
In der Kernforschungsanlage in Karlsruhe wurde Ende der 60er Jahre eine Pilotanlage zur Wiederaufarbeitung gebaut. Wir schienen auf dem Wege zu sein, das Entsorgungsproblem schrittweise lösen zu können.
Die Bundesregierung und der Bundestag versuchten über den Druck einer gesetzlichen Regelung, die 1976 im Atomgesetz verankert wurde, die Elektrizitätswirtschaft dazu zu bringen, das Problem endlich voranzubringen. Die chemische Industrie war vorher schon aus Kostengründen abgesprungen.
Zunächst ging die sozialliberale Bundesregierung davon aus, daß für die Bundesrepublik ein sogenanntes integriertes Entsorgungszentrum, bestehend aus Zwischenlagerung,

Wiederaufarbeitung und Endlagerung an einem Standort, das Optimum sei. So lange, bis diese Lösung verwirklicht sei, müßten deshalb nur ein oder zwei externe Zwischenlager geschaffen werden, um die Zwischenzeit zu überbrücken.

Dieses Konzept scheiterte 1979. Nach dem sogenannten »Gorleben Hearing« in Hannover beschloß die Landesregierung von Niedersachsen, daß das integrierte Entsorgungskonzept »aus politischen Gründen« nicht zu verwirklichen sei. Außerdem forderte vor allem der DGB mit wachsendem Druck, daß die technische Alternative zur Wiederaufarbeitung, also die direkte Endlagerung, ernsthaft geprüft werden müßte.

Bund und Länder haben daraufhin 1979 einstimmig den sogenannten parallelen Entsorgungsansatz beschlossen. Er besagt, daß beide Wege – also einerseits Wiederaufarbeitung mit Endlagerung, andererseits direkte Endlagerung – einer sorgfältigen Überprüfung unterzogen werden. Die Entscheidung über die endgültigen Entsorgungswege sollte Mitte der 80er Jahre gewählt werden. Diese Forschungsarbeiten waren 1984 abgeschlossen. Das Ergebnis: Die Wiederaufarbeitung hat keine entscheidenden sicherheitstechnischen Vorteile und schneidet unter Kostengesichtspunkten schlechter ab. Die SPD zog daraus den Schluß, daß der Weg der Wiederaufarbeitung nicht weiter verfolgt werden sollte – auch wegen all der zusätzlichen Gefahren einer Plutonium-Wirtschaft. Die CDU/CSU und die FDP zogen daraus den Schluß, daß an dem alten Konzept der Wiederaufarbeitung unbeirrt festgehalten wird. Der Konsens in der Entsorgung war 1984 zerbrochen.

Der Standort für die Wiederaufarbeitungsanlage in Wakkersdorf wurde durch die CDU/CSU-Regierung mit Zustimmung der bayerischen Landesregierung unter Ministerpräsident Franz Josef Strauß entschieden, der Baubeginn und der Sofortvollzug angeordnet. Denkpausen wurden

abgelehnt, Einwände aus Österreich barsch zurückgewiesen.
Wir sind in der Entsorgungsfrage trotz immenser Anstrengungen seit über 20 Jahren nur um Zentimeter vorangekommen. Weltweit ist das Problem in keinem Land gelöst. Die großen Flächenstaaten USA und UdSSR lagern den Atommüll zunächst auf Jahrzehnte in unbewohnten Gebieten ab. Großbritannien und Frankreich betreiben kommerzielle Wiederaufarbeitungsanlagen, die störanfällig arbeiten und die Umwelt unerträglich belasten, da große Mengen radioaktiver Substanzen ins Meer abgelassen werden. In keinem Land der Welt gibt es ein Endlager, in dem der hochaktive Atommüll für Jahrhunderte sicher vor der Biosphäre abgeschlossen wäre.
Es wird experimentiert und geforscht. Die Schweden erproben die Einlagerung in Granit, in der Bundesrepublik wird in Gorleben ein Salzstock auf seine Eignung überprüft. Und: Niemand kann die wahren Kosten der Entsorgung heute angeben.
Solange die Entsorgung das offene, ungewisse Ende der Atomkraftnutzung ist, ohne daß man genau weiß, wie dieses Ende zu bewältigen ist, belastet die weitere Nutzung der Atomkraft die kommenden Generationen mit einer unverantwortbaren Hypothek.

Die Kontroversen um Standorte: Wyhl, Brockdorf, Gorleben

Die Diskussionen um die Risiken der Kernkraft führte insbesondere an den Standorten zu Bürgerinitiativen, die sich dann zu der Anti-Atomkraftbewegung zusammenschlossen. Dieser Prozeß lief außerhalb der etablierten Parteien ab.
Es waren die Winzer, Pastoren, Bauern und vor allem Mütter in Wyhl am Kaiserstuhl, die den Protest organisier-

ten. Natürlich: Die Angst der Menschen, denen ein unvorstellbares Großkraftwerk praktisch in den Garten gesetzt werden sollte, war mit Händen zu greifen. Wovor hatten die Winzer in Wyhl Angst: zunächst, daß die Sonne nur noch verschleiert auf ihre Reben scheinen würde. Denn es war bekannt, riesige Kühltürme können das Kleinklima verändern. Es war eine Mischung aus materieller Existenzangst und Angst vor der unsichtbaren Strahlung. In Gorleben war es die Angst vor den Risiken der Wiederaufarbeitung. Das war doch eine chemische Fabrik, eine Anlage, aus der ab und zu der radioaktive Dampf abgelassen wurde. Oft waren die Landwirte die engagiertesten Gegner. Sie fragten nach den Auswirkungen auf die landwirtschaftliche Produktion, nach den Auswirkungen auf das Klima, nach den Gefährdungen des Grundwassers.

Was damals in Wyhl begann, das war eine Bewegung von unten. Wer ein, zwei oder drei Tage im Landkreis Lüchow-Dannenberg oder im Landkreis Schwandorf war, der stellte fest, mit welcher Perfidie Standorte für Großtechnologien gesucht werden. Es sind sogenannte strukturschwache Gebiete: Hohe Arbeitslosigkeit ist normal; hinzu kommt relativ dünne Besiedlung; die nächsten größeren Städte sind in gebührendem Abstand. In Wackersdorf verkaufte die bayerische Staatsregierung gemeindefreien Staatsforst in einem Gebiet mit großen Grundwasservorkommen zu Schleuderpreisen an die Industrie. Die Arbeitslosigkeit ist hoch, da wird schon keiner aufmucken.

Die Diskussion um Alternativen in der Energiepolitik, um Alternativen innerhalb der Gesellschaft, wurde nachhaltig angestoßen, von Winzern und Bauern.

Die herkömmlichen Formen der parlamentarischen Demokratie sowie deren Parteienstruktur standen auf einmal zur Debatte. Die Anti-Atombewegung war dann eines der Gründe für das Entstehen einer neuen Partei in der bestehenden Parteienlandschaft.

Wie sozialverträglich ist die Atomkraft?

Die Diskussion über die technische Sicherheit der Atomenergie wurde rasch erweitert um grundsätzlichere Fragen: Wie verletzlich werden wir durch die Atomenergie: bei Erpressungen, bei Sabotage, bei Terrorismus, bei militärischen Auseinandersetzungen.

Der Betrieb von Atomkraftwerken und die komplexe Organisation des Brennstoffkreislaufs erfordern Sicherheitsanstrengungen einer zuvor nie genannten Intensität. Dabei ist nicht nur die technische Sicherheit, sondern auch die Sozialverträglichkeit der atomtechnischen Anlagen zu gewährleisten. Einerseits müssen Vorkehrungen gegen eine unsachgemäße Bedienung der Anlagen getroffen werden. Wir sind »die erste Generation der Menschheitsgeschichte, die sich keinen Fehler mehr erlauben darf« (Olof Palme). Andererseits dürfen nicht neue Möglichkeiten zu Sabotage, Terrorismus und Kriminalität eröffnet werden.

Die bisher gefundenen Antworten auf solche Gefahren sind im Technischen steckengeblieben. Betonmauern, Stacheldraht, Eisenzäune, Wassergräben, Wasserwerfer, Rodungsstreifen, Panzerfahrzeuge, Gasgranateneinsätze, Polizeihundertschaften und im Normalbetrieb: Wachmannschaften, Ein- und Ausgangskontrollen, Überwachung am Arbeitsplatz, Überprüfungen des Lebenslaufs und Lebenswandels.

Die Atomkraft kann auf diese Weise zu einer Aushöhlung der Freiheitsrechte führen.

Sie setzt den fehlerlosen und unfehlbaren Menschen voraus. Er muß pünktlich und ehrlich sein, zuverlässig und ohne Depressionen, nicht übermütig oder übermäßig traurig, nicht alkohol- oder drogensüchtig, weder suizidverdächtig noch erpreßbar.

Robert Jungks »Atomstaat« ist zu weit gegriffen. Aber ein Energiesystem mit der Atomenergie als Hauptpfeiler birgt große Gefahren, die Freiheitsrechte der Menschen einzuschränken. Atomenergie ist nicht sozialverträglich.

4. Die Diskussion spitzt sich zu

All diese Fragen wurden mit wachsender Intensität in unserer Gesellschaft diskutiert. Mittlerweile ging es nicht mehr um technische Einzelprobleme, sondern um die Grundsatzfrage, ob die Nutzung der Atomkraft auf die Dauer zu verantworten ist. Dieser Diskussion hat sich die SPD wie keine andere Partei in einer 10jährigen schwierigen und mit Leidenschaft geführten Diskussion gestellt. Diese Diskussion begann ganz zaghaft im Jahre 1975. Da gab es auf dem Parteitag in Mannheim einen einzigen Antrag. Er forderte, es müsse mehr für Energieeinsparungen und für neue Energiequellen getan werden. Sehr viel heftiger wurde die Diskussion dann auf der Fachtagung der SPD 1977 in Köln: Energie, Beschäftigung, Lebensqualität. Im Hinblick auf das Thema Atomenergie wurde aber klar, und zwar zum ersten Mal: Der Konsens in der Einschätzung zur zivilen Nutzung der Atomenergie innerhalb der SPD war zerbrochen. Das war das wesentliche politische Ergebnis der Kölner Konferenz von 1977.
Die Parteitage in Hamburg 1977, in Berlin 1979, in München 1982 und in Essen 1984 haben Schritt für Schritt die Auffassung der SPD korrigiert und konkretisiert. Das war eine 10jährige kontroverse, harte Auseinandersetzung. Die SPD hat es sich in den 10 Jahren nicht leicht gemacht. Jedes Argument hatte eine faire Chance, gehört zu werden. Es war ein schwieriger, schmerzhafter Prozeß. Im Vergleich zu anderen Parteien war die SPD in der Frage der Atomkraft lange Zeit gespalten.
Die CDU/CSU war – wie heute – immer klar auf Atomkurs. Die GRÜNEN haben ihre Wurzeln in der Anti-Atomkraft-

Bewegung, die FDP war weder strikt dafür noch strikt dagegen, sie hat sich bis heute nicht richtig entschieden.
Die SPD hat 1984, also noch weit vor Tschernobyl, gesagt: Nur noch für eine Übergangszeit ist die Atomkraft verantwortbar. In Nürnberg im August 1986 haben wir festgelegt, daß wir jetzt mit dem geordneten Ausstieg beginnen wollen und daß wir das Ziel – wenn alle Verantwortlichen mitziehen – in einem Jahrzehnt erreichen können.

Dialog im Parlament: Die Enquete-Kommission »Zukünftige Kernenergiepolitik«

Die Atompolitik führte im Deutschen Bundestag bis weit in die 70er Jahre hinein ein eher beiläufiges Dasein. Die Debatte im Deutschen Bundestag um die 2. Fortschreibung des Energieprogramms der Bundesregierung am 14. Dezember 1978 war eine grundsätzliche Auseinandersetzung, die bis heute noch nachwirkt. Es ging damals auch um die Frage, ob der Schnelle Brüter in Kalkar fertiggestellt werden sollte.
Für die Bundesregierung hatte ich in dieser Debatte als Bundesforschungsminister die Bereitschaft erklärt: »Technische Entwicklungen, wie die Brütertechnologie, notfalls zu widerrufen, notfalls einen Irrtum einzugestehen und sich die Möglichkeiten offenzuhalten, einen als falsch oder zu risikoreich erkannten Weg zu verlassen.«
Diese Grundsatzdebatte über den zukünftigen Weg in der Atomenergiepolitik wurde im Deutschen Bundestag erstmals – fast 20 Jahre nach der Einführung der Atomenergie in der Bundesrepublik – in einer Enquete-Kommission »Zukünftige Kernenergiepolitik« des Deutschen Bundestags diskutiert. Denn das Parlament hatte einen politischen Vorbehalt gemacht, den Schnellen Brüter in Kalkar weiterzubauen, aber vor seiner möglichen Inbetriebnahme Mitte der 80er Jahre das Parlament entscheiden zu lassen, ob sie

diese Technik für verantwortbar hielt. Diese Entscheidung sollte durch die Arbeit der Enquete-Kommission vorbereitet werden.
Die Enquete-Kommission »Zukünftige Kernenergiepolitik« des Deutschen Bundestages stellte 1980 vier mögliche Entwicklungslinien, genannt Energiepfade, zur Diskussion:

- forcierter Ausbau der Atomenergie in vollem Umfang einschließlich schneller Brutreaktoren,

- nahezu genauso starker Ausbau der Atomenergie bei Einsparbemühungen,

- schrittweiser Verzicht auf Atomenergie bis zum Jahre 2000,

- Verzicht auf Atomenergie.

Diese vier Pfade beschrieben die unterschiedlichen Entwicklungs-, Gestaltungs- und Bewertungsmöglichkeiten unseres Energiesystems. In den auf 50 Jahre angelegten Pfaden waren nicht nur unterschiedliche Vorstellungen zur Nutzung oder Vermeidung der Atomenergie enthalten, sondern auch die unterschiedliche Bewertung des Energiesparens, des wirtschaftlichen Strukturwandels und des Einsatzes regenerativer Energiequellen.
Es bestand Übereinstimmung in dieser Kommission, das Energiesystem nach vier Kriterien zu beurteilen: Wirtschaftlichkeit, internationale Verträglichkeit, Umweltverträglichkeit und Sozialverträglichkeit.
Die Kommission empfahl für die 80er Jahre eine faire Vermittlung zwischen diesen Wegen. Insbesondere betonte die Enquete-Kommission den Vorrang des Energiesparens und entwickelte einen Maßnahmenkatalog mit 62 Vorschlägen zur Förderung des Energiesparens und regenerativer

Energieträger, der zum großen Teil bis heute nicht umgesetzt wurde.
Die wesentlichen Beschlüsse der Enquete-Kommission erfolgten mit den Stimmen aller nichtparlamentarischen Sachverständigen und den Abgeordneten von SPD und FDP. Lediglich die drei CDU/CSU-Abgeordneten versagten sich diesem ersten Konsensversuch in der Bundes-Energiepolitik, an dem viele damalige Befürworter und Kritiker der Atompolitik beteiligt waren.
Unmittelbar nach dem Regierungssturz von Helmut Schmidt wurde im Dezember 1982 auf Betreiben der CDU/CSU und der FDP der politische Vorbehalt gegenüber dem Schnellen Brüter aufgelöst.

Das Unwahrscheinliche wird Wirklichkeit

Im März 1979 steht die zivile Nutzung der Atomenergie erstmals vor einer Katastrophe. Der Reaktor in Harrisburg »geht durch«, die Katastrophe kann noch so eben vermieden werden.
Ein vergleichbarer, nicht auszuschließender Unfall im Atomkraftwerk Stade bei Hamburg oder Biblis A bei Frankfurt oder Neckarwestheim bei Stuttgart wäre der Fall der Evakuierung von jeweils über 1 Million Menschen bei uns gewesen. Eine neue Qualität, eine neue Dimension des Risikos technischer Anlagen.
Im April 1986, am letzten Sonntag, meldet das schwedische Fernsehen: »Eine radioaktive Wolke geht über Südschweden!« Die Katastrophe war da.
Unter Tausenden von Tonnen Sand, Blei und Bor ist der Atomreaktor in Tschernobyl heute begraben. Halb Europa wurde von einer radioaktiven Wolke überzogen. Der Rest des Reaktors in Tschernobyl wird zubetoniert. Ein Gebiet von rund 1000 Quadratkilometern um das Atomkraftwerk bleibt auf lange Zeit radioaktiv verseucht.

Tschernobyl war für mich und für die SPD Anlaß, die Position zur Bewertung der Atomenergie zu verdeutlichen und zu konkretisieren. Der SPD-Parteivorstand hat im Mai 1986 eine Kommission »Sichere Energieversorgung ohne Atomkraft« eingesetzt. Die Kommission hatte den Auftrag, für den Nürnberger Parteitag der SPD einen Zwischenbericht zu den Lehren aus Tschernobyl vorzulegen und zu beschreiben, wie eine sichere Energieversorgung ohne Atomkraft möglich ist. Die Kommission hat auf dem Parteitag in Nürnberg ihren Zwischenbericht vorgelegt. Dieser Bericht hat eine breite Zustimmung in der SPD erhalten.
Zur Atomenergie und Atomtechnik wurde festgehalten: »Spätestens Tschernobyl hat der großen Mehrheit der Menschen bei uns klargemacht, daß die Zerstörung der Natur und die Bedrohung unserer Lebensgrundlagen durch die zivile Nutzung der Atomkraft eine reale Gefahr geworden ist. Was früher nur vereinzelt als Befürchtung formuliert wurde, hat sich in der Wirklichkeit bestätigt. Tschernobyl hat die Welt verändert...«
»Wir müssen unser Verhältnis zur Technik neu bestimmen. Technik bleibt eine unverzichtbare Hilfe für den Menschen zur Linderung von Not und auch zur Steigerung des Wohlstandes. Neu ist: Sie kann aber auch zur Gefahr allen Lebens werden.
Wir müssen fragen, ob existenzbedrohende Risiken, wie sie z. B. mit der Atomkraft verbunden sind, noch zu verantworten sind. Das Risiko der Atomkraft, das viele Menschen, sogar ganze Generationen, in ihrer Existenz bedroht, liegt auf einer anderen Ebene als ihre Vorteile, für die es im übrigen Alternativen gibt. Wir wissen, daß wir die Risiken nicht von heute auf morgen beseitigen können. Wir dürfen nur solche Technologien weiter nutzen, deren Folgen ›verträglich sind mit der Dauerhaftigkeit menschlichen Seins auf Erden‹ (Hans Jonas). Es geht aber nicht nur um den Menschen, sondern um die Natur insgesamt. Vertretbar

sind deshalb auch nur diejenigen Techniken, die der menschlichen Verantwortung für die natürliche Mitwelt gerecht werden. Diese Verantwortung verlangt von uns mehr Sorgfalt bei der Abwägung zwischen technisch vermittelter Wohlfahrtszunahme und dem Risiko ihrer völligen Infragestellung.« (Zwischenbericht S. 7)
Diese Einschätzung hat in diesen Tagen Kardinal Höffner, der Vorsitzende der Deutschen Bischofskonferenz, für die Kirchen bestätigt: »Wissenschaft und Technik stehen vor der Aufgabe, Ausschau nach neuen, weniger gefährlichen, umweltfreundlichen Energien zu halten. Das gilt auch für den Fall, daß zerstörerische Auswirkungen der Kernenergie – soweit es Menschen möglich ist – verhütet werden können. Die Atomenergie ist nämlich die risikoreichste Technik. Hier wirkt sich menschliches Versagen besonders verheerend aus. Vielleicht finden sich neue Energiequellen in der Höhe (Sonnenenergie) oder in der Tiefe (Erdwärme) . . .
Der Einwand, der Verzicht auf Kernkraftwerke führe für die Industriestaaten und für die Länder der Dritten Welt zu schweren politischen, sozialen und gesamtwirtschaftlichen Notständen, ist zwar ernst zu nehmen, aber, falls kein *sicherer* Betrieb der Kernkraftwerke garantiert werden kann, nicht letztlich entscheidend. Genetische und sonstige Schädigungen der jetzt lebenden Menschen und späterer Generationen dürfen nicht aus noch so dringlichen Nützlichkeitserwägungen in Kauf genommen werden.« (Kardinal Höffner, S. 10)

II. Die Prognosen und die Gutachten zum Ausstieg

Nach den drastischen Ölpreiserhöhungen 1973 und 1979 sah die atomare Gemeinde ihre Stunde gekommen: Sie warb dafür Öl, Gas, Kohle – die fossilen Energieträger – durch Atomkraft zu ersetzen. Diese »Ersatzstrategie« wurde mit dem Gewicht eines vermeintlichen wirtschaftlichen Naturgesetzes untermauert. Dieses Gesetz lautete: Jedes Prozent mehr Wirtschaftswachstum ist nur mit demselben Prozent mehr an Energieverbrauch zu erreichen. Wer damals dieses »Naturgesetz« anzweifelte, wurde nicht nur als Träumer und Exot verlacht, er galt auch als Unwissender. Die Schätzungen des zukünftigen Wirtschaftswachstums lagen 1973 bei durchschnittlich 4% jährlich. Das wurde einfach hochgerechnet. Von 380 Mio. t SKE 1973 sollten in der Bundesrepublik 1985 610 Mio. t SKE Primärenergie verbraucht werden; die Atomkraft sollte davon 15% abdecken und auf 45000–50000 Megawatt ausgebaut werden. Der Bau von über 40 Atomkraftwerken in etwas mehr als 10 Jahren schien unausweichlich. Pro Jahr also 3 bis 4 Atomkraftwerke, das war die Ausbaustrategie der Atomlobby. Immerhin ein jährlicher Investitionsbrocken von über 10 Mrd. DM in die Atomkraft. Es ist heute notwendig, sich diese leicht größenwahnsinnige Investitionsstrategie ins Gedächtnis zu rufen.

Erinnern wir uns: Ende 1973 gehen auf deutschen Autobahnen am Sonntag die Menschen spazieren. Der Ölschock saß tief.

Nur, das Wirtschaftswachstum lag damals nicht bei 4% im Durchschnitt, sondern nur bei 2% jährlich. Statt geschätzter 610 Mio. t SKE haben wir 1985 »nur« 387 Mio. t SKE verbraucht. 24% Zuwachs des Bruttosozialprodukts steht ein Zuwachs des Energieverbrauchs von insgesamt 1,3% von 1973 bis 1985 gegenüber. Es gingen weder die Lichter aus, noch mußte auf Konsum und Komfort verzichtet werden. Statt der prognostizierten 50000 Megawatt sind rund 17000 Megawatt Atomstrom am Netz. Ein »Naturgesetz« erwies sich als falsch: Wirtschaftswachstum und Energieverbrauch sind heute »entkoppelt«.

In der Energiepolitik haben wir das Sparen erst Ende der 70er Jahre ernstgenommen. Das war spät, und die Maßnahmen setzten nicht auf der ganzen Breite der Einsparmöglichkeiten ein. 1979, mitten in der zweiten Ölpreisexplosion, legte ich als Bundesminister für Forschung und Technologie einen umfassenden 20-Punkte-Katalog zum Energiesparen vor. Vor allem Bundeswirtschaftsminister Graf Lambsdorff lehnte die überwiegende Zahl der Vorschläge als marktwirtschaftsfeindlich ab.

Die Harvard Business School gab 1980 einen umfassenden Ratschlag zum Energiesparen ab: »Die Einsparung von Energie ist wahrscheinlich die billigste, sicherste und produktivste Energiealternative und obendrein kurzfristig in großen Mengen verfügbar. Außerdem ist sie eine hochwertige Energiequelle. Sie droht weder das internationale Währungssystem zu untergraben, noch ist sie mit der Emission von Kohlendioxid in die Atmosphäre verbunden, noch schafft sie ähnliche Probleme wie die Vernichtung von atomarem Müll. Und entgegen der landläufigen Meinung können von Maßnahmen zur Einsparung von Energie auch Impulse für Innovationen, den Arbeitsmarkt und das Wirtschaftswachstum ausgehen.« (Harvard Business School, S. 193)

Damals wurde bei uns der Energiebedarf von allen Prognosen maßlos überschätzt und die Möglichkeiten der sparsamen und rationellen Energieverwendung maßlos unterschätzt.

Die folgende Abbildung zeigt, daß alle Energieschätzungen die Wachstumsraten beibehielten und mögliche Einsparungen kaum beachteten.

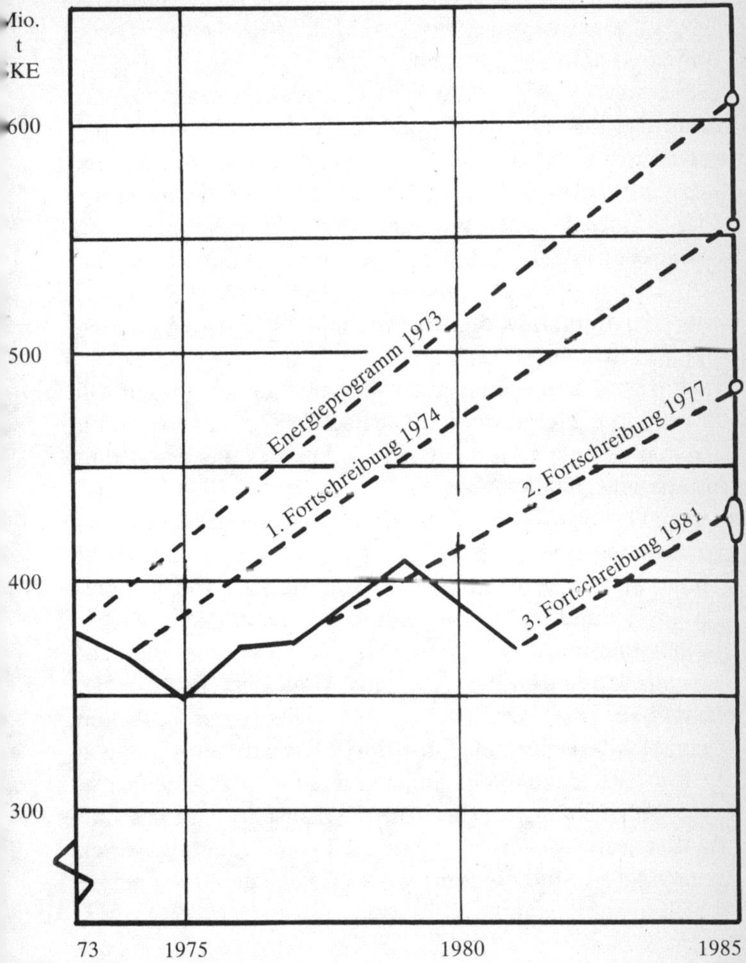

Quelle: Traube/Ullrich, S. 16

Richtig lagen nur die von der regierungsamtlichen Energiepolitik heftig angegriffenen, sog. »alternativen« Wissenschaftler. Bossel vom Öko-Institut sagte schon 1974, Pestel in seinem Deutschlandmodell 1977 für das Jahr 1980 einen Primärenergieverbrauch von 390 Mio. t SKE voraus. Diese Prognosen sind eingetroffen.

Als Erhard Eppler 1979 sein »Alternativszenarium zur Energiepolitik« (Erhard Eppler FR) veröffentlichte und die Bedeutung der »Energiequelle Energiesparen« hervorhob, reagierte die Vereinigung Deutscher Elektrizitätswerke VDEW noch so: »Mit Wunschdenken und ersatzreligiösen Beglückungsideen ist den Problemen der künftigen Energieversorgung nicht beizukommen.« (VDEW, FR) Heute ist es die Atomlobby, die sich genau diesen Vorwurf gefallen lassen muß.

Nach diesen Bemerkungen zu vergangenen Prognosen will ich mich mit Energiestudien, die nach 1982 entstanden sind, und den aktuellen Gutachten zum Ausstieg aus der Atomenergie auseinandersetzen.

Jeder, der sich mit dem Thema »Ausstieg aus der Kernenergie« ernsthaft beschäftigt, kommt an diesen Studien nicht vorbei. Sie bieten eine Fülle von Material, das von grundlegender Bedeutung für die weitere Diskussion ist.

Ich beginne mit den allgemeinen Energiestudien von Prognos aus den Jahren 1984 (Prognos I) und 1985 (Prognos II). Sie geben eine Abschätzung des zukünftigen gesamten Energiebedarfs bis zum Jahre 2000. Die Studien sind auch für die Abschätzung des angenommenen allgemeinen Zuwachses im Energieverbrauch, des Einsparpotentials und der Chancen regenerativer Energien von Bedeutung. Auch alle späteren Studien zum Ausstieg aus der Atomenergie beziehen sich darauf.

1. Die allgemeinen Prognosen: Die Entkoppelung von Wirtschaftswachstum und Energieverbrauch setzt sich fort.

Die umfassendste Energieprognose bis zum Jahr 2000 ist von Prognos 1984 vorgelegt worden. Ich berücksichtige die Kurzfassung und die mittlere Variante (Prognos I).

Folgende *Rahmendaten* wurden angenommen:

- Das Bruttosozialprodukt wächst im Durchschnitt 2,5 % pro Jahr.
- Die Bevölkerung sinkt von 61,5 Mio. in 1982 auf 59–60,5 Mio. in 2000.
- Es ist mit Energiepreissteigerungen zu rechnen.
- Es wird Energie eingespart, »es werden jedoch in keinem Bereich weder die technisch machbaren noch die wirtschaftlich lohnenden Einsparmöglichkeiten auch nur annähernd ausgeschöpft« (Prognos I, S. 7).

Die Entwicklung des gesamten Primärenergieverbrauchs zeigen folgende Tabellen

Primärenergieverbrauch in Mio. t SKE

	1982	1985	1990	1995	2000
Steinkohle	76,7	76,7	72,9	78,7	79,6
Braunkohle	38,4	38,0	37,4	37,0	36,5
Mineralöl	159,8	164,0	151,8	143,0	134,2
Naturgase	55,1	58,7	56,9	56,5	55,4
Kernenergie	20,9	32,6	47,1	47,1	53,4
Wasserkraft	8,1	7,4	7,0	7,1	6,7
übrige feste Brennstoffe	2,5	2,9	3,0	3,3	3,6
insgesamt	361,5	380,3	376,1	372,7	369,4

Struktur des Primärenergieverbrauchs (%)

	1982	1985	1990	1995	2000
Steinkohle	21,2	20,2	19,4	21,1	21,5
Braunkohle	10,6	10,0	9,9	9,9	9,9
Mineralöl	44,2	43,1	40,4	38,4	36,3
Naturgase	15,2	15,4	15,1	15,2	15,0
Kernenergie	5,8	8,5	12,5	12,6	14,5
Wasserkraft[1)]	2,3	2,0	1,9	1,9	1,8
übrige feste Brennstoffe	0,7	0,8	0,8	0,9	1,0
insgesamt	100	100	100	100	100

Quelle: PROGNOS I, S. 46, 47

Bemerkenswert an dieser Schätzung ist: Trotz des geschätzten *Wirtschaftswachstums* von durchschnittlich 2 % geht der *Primärenergieverbrauch* insgesamt von 1985 an zurück, wobei Steinkohle ihren Anteil leicht erhöht; Kernenergie wächst stark an und Öl geht kontinuierlich weiter zurück, bleibt aber mit 36,3 % Anteil im Jahr 2000 noch der wichtigste Energieträger.

Die Entkopplung von Wirtschaftswachstum und Energieverbrauch setzt sich bis ins Jahr 2000 fort. Schon dies zeigt, daß bei mehr Energiesparen der Primärenergieverbrauch im Jahr 2000 auch unter den Wert von 1982 fallen kann.

Der *Stromverbrauch* soll insgesamt um 1,5 % pro Jahr steigen; in der Industrie um 0,5 %, im Haushalt um 1 %, beim Kleinverbrauch um 2 %, beim Verkehr etwas über 1 %.

Prognos geht vom fortlaufenden, nicht aber technisch und wirtschaftlich möglichen Strukturwandel und nicht von Prozeß- und Produktionsinnovationen in der Industrie aus, die alle etwas zur Energieeinsparung beitragen.

Der Stromzuwachs folgt einerseits aus vermehrtem Einsatz von Elektronik in Dienstleistung, Industrie und Gewerbe, andererseits sollen die Haushalte erheblich mehr elektrische Geräte verwenden. Besonders zunehmen soll der Einsatz

elektrischer Heizungen – bis zum Jahr 2000 soll rund 10% der Wohnfläche mit Strom beheizt werden, das wäre ein Zuwachs von rund ⅔ in diesem Bereich (Ifo, S. 21).
Der Stromzuwachs kann nur mit dem unterstellten massiven Zubau an Atomkraft gedeckt werden. Es war wegen der 1984 in Bau befindlichen Atomkraftwerke plausibel, davon auszugehen.

Das Prognos-Szenario 1985

In dem 1985 veröffentlichten Szenario (Prognos II) geht das Institut von einer um 36% niedrigeren Ölpreisentwicklung aus (Prognos II, S. 61), der eine Leitfunktion auch für Kohle, Gas und Strompreise zugemessen wird, und kommt zu einem höheren Primärenergieverbrauch gegenüber der Schätzung von 1984 um rund 8% und beim Endenergieverbrauch von rund 10%.
Der Stromverbrauch wächst statt um 1,5% nur um 1,2% jährlich, weil die Substitution von Kohle und Öl durch Strom wegen der geringeren Preise für fossile Energieträger langsamer vorangeht.

Eckwerte der Prognosen

	Bevölkerungsentwicklung 1982 – 2000 in Mio.	Bruttosozialprodukt jährl. Zuwachs	Primärenergieverbrauch in Mio. t SKE 1982 – 2000	Endenergieverbrauch in Mio. t SKE	Stromverbrauch jährl. Zuwachs in %
Prognos I	61,5 – 59 – 60,5	2,5%	361 – 369	235 – 222	1,5%
Prognos II	61,5 – 59 – 60,5	2,5%	361 – 397	235 – 243	1,2%

In der neuesten Veröffentlichung vom Juli 1986 gibt Prognos diese *Stromverbrauchsentwicklung* bei den 1985 getroffenen Annahmen in der folgenden Tabelle in Gigawatt (Prognos III, S. 7) an.

Stromverbrauch nach Verbraucherbereichen und Bruttostromerzeugung (in GW)

	1982	1990	2000
Endenergieverbrauch Strom			
Industrie	141 377	167 167	201 889
Kleinverbrauch	69 384	80 751	98 491
Private Haushalte	87 995	101 275	110 792
Verkehr	10 304	11 634	12 203
Endenergieverbrauch insgesamt	309 060	360 827	423 375
Statistische Differenz	8 182	8 182	8 182
Umwandlungssektoren (Raffinerien, Kokereien, Sonstige)	17 078	16 372	15 851
Kraftwerkseigenverbrauch	21 941	27 362	37 164
Übertragungsverluste	15 012	15 501	16 803
Pumpstromverbrauch	2 391	2 491	2 597
Bruttostromverbrauch	373 669	430 735	503 972
abzüglich Nettostromimporte	6 792	6 488	6 480
Bruttostromerzeugung	366 877	424 247	497 484

Quelle: PROGNOS III, S. 7, 1986

Die für das Jahr 2000 geschätzte Bruttostromerzeugung von 497484 Gigawatt entspricht einer Bruttoengpaßleistung aller Kraftwerke von 102792 Megawatt.
Prognos betont, daß bei dieser Abschätzung bis zum Jahr 2000 alle Möglichkeiten der Einsparung im Stromverbrauch und der technologischen Verbesserung der konventionellen Stromerzeugung außer Betracht bleiben (Prognos III, S. 2). Deshalb hält das Institut den geschätzten jährlichen Verbrauchszuwachs beim Strom von 1,2% pro Jahr für die *oberste Grenze* der langfristig notwendigen Bedarfsdekkung.

2. Die Gutachten zum Ausstieg

Die aktuellen Untersuchungen schätzen nicht mehr den allgemeinen Primärenergieverbrauch bis zum Jahr 2000 ab, sondern konzentrieren sich auf die Stromentwicklung und seine Folgen für den Kraftwerksbestand, die Strompreise, die Umweltbelastungen und auf die gesamtwirtschaftlichen Effekte – Bruttosozialprodukt-Entwicklung, Arbeitsplätze, Industrie- und Haushaltsverbrauch.

Folgende Institute haben Abschätzungen vorgelegt:

- Prognos (III)

- Rheinisch-Westfälisches Institut für Wirtschaftsforschung (RWI)

- Kernforschungsanlage Jülich (KfA)

- Institut für angewandte Systemforschung und Prognose (ISP)

- Institut für ökologische Wirtschaftsforschung (IÖW)/Institut für angewandte Ökologie (Öko)

- Ziesing – Deutsches Institut für Wirtschaftsforschung (DIW)

Diese Studien gehen also von sogenannten Referenzszenarien aus, die sich alle auf die allgemeinen Prognos-Studien beziehen: Diese Abschätzungen der Stromverbrauchsentwicklung sind Ausgangspunkt für die Gutachten zum Ausstieg.

Ich konzentriere mich auf die Aspekte

- Strompreise
- Umwelt
- Arbeitsplätze
- Wettbewerbsfähigkeit und gesamtwirtschaftliche Auswirkungen

und unterscheide bei jedem dieser Aspekte nach Sofortausstieg und geordnetem Ausstieg bis 1995/2000.
Das RWI-Gutachten kommt zu folgender Schätzung (siehe Tabelle Seite 55).
Die KfA geht bei ihrem Referenzszenario davon aus, »daß sich Energieverbrauch und -erzeugung unter Beachtung der Energiepreisentwicklung trendmäßig fortschreiben und daß keine wesentlichen zusätzlichen administrativen Eingriffe stattfinden« (KfA, S. 13). Das Bruttosozialprodukt-Wachstum wird auf jährlich 1,8 % bis 2010 geschätzt, die Bevölkerung nimmt von 61 Mio. auf 57 Mio. ab, der Stromverbrauch steigt etwas geringer als von Prognos III und RWI geschätzt an, nämlich jährlich nur um 1,1 % (KfA, S. 15). Die geschätzte Bruttostromerzeugung liegt weit unter den Annahmen von Prognos III und RWI.
Der Grund liegt darin, daß die KfA nach einem sogenannten Nutzungsenergieszenario gewisse Energiesparmaßnahmen sowie eine Optimierung der Endverbrauchertechniken einbezieht, so werden angenommene 20 % Wohnflächenzunahme – anders als bei Prognos – durch Einsparungsmaßnahmen kompensiert.
Das ISP verzichtet auf ein Referenzszenario, geht aber von 15 % Stromeinsparung innerhalb der nächsten 5 Jahre aus (ISP, S. 3). Das Öko-Institut legt ebenfalls keine eigenen Modellrechnungen vor; Ziesing (DIW) bezieht sich auf die

Zur Entwicklung der Elektrizitätswirtschaft mit Atomkraft 1985 bis 2000

	1985	1990	1995	2000
	in TWh			
Bruttostromverbrauch	411,2	450,7	471,0	494,8
Nettoeinfuhr	2,5	4,0	4,0	3,0
Bruttostromerzeugung	408,7	446,7	467,0	491,8
	Bruttoengpaßleistung in GW			
Wasser	6,7	6,5	6,8	6,8
Kernenergie	17,0	23,7	24,8	26,8
Braunkohle	13,6	13,6	13,2	13,8
Steinkohle	33,3	32,0	33,4	35,0
Gas	13,8	13,4	12,5	9,8
Öl	12,4	11,7	10,5	7,0
Sonstige Energieträger	1,2	1,2	1,3	1,3
Insgesamt	98,0	102,1	102,5	100,5
	Benutzungsstunden in Stunden/Jahr			
Wasser	2 600	2 900	2 900	2 900
Kernenergie	7 400	6 500	6 500	6 600
Braunkohle	6 500	6 600	6 600	6 700
Steinkohle	3 900	4 250	4 600	4 700
Gas	2 450	2 300	2 400	2 550
Öl	750	900	1 000	1 100
Sonstige Energieträger	4 000	4 000	4 000	4 100
Insgesamt	4 150	4 350	4 550	4 900
	Bruttostromerzeugung in TWh			
Wasser	17,6	18,9	19,7	19,6
Kernenergie	125,9	154,1	161,2	176,6
Braunkohle	88,1	90,0	87,1	92,2
Steinkohle	129,4	136,8	153,2	165,6
Gas	33,8	31,0	30,0	25,0
Öl	9,4	10,9	10,3	7,5
Sonstige Energieträger	4,8	5,0	5,5	5,3
Insgesamt	408,7	446,7	467,0	491,8

Quelle: RWI, S. 37

Annahmen von Prognos, d. h., er geht von 1,2 % Stromzuwachs jährlich aus.

Geschätzte Bruttostromerzeugung bis zum Jahr 2000 mit Atomkraft in Terrawatt

	1990	2000
Prognos III	424	497
RWI	446	491
KfA	405	423
ISP	347	347

Die geschätzten Energie- und Stromverbrauchsentwicklungen lassen sich in zwei Gruppen aufteilen:

– Die eine Gruppe – Prognos, RWI, Ziesing (DIW) – schreibt vorhandene Entwicklungen fort und lassen zusätzliche Maßnahmen zur rationellen und sparsamen Verwendung von Energie und Strom ebenso außer Betracht wie die Chancen technologischer Innovationen;

– Die andere Gruppe – ISP, Öko-Institut – greift eine Zahl zur Stromeinsparung, deren Aussagekraft nicht ohne weiteres einsichtig ist. Dabei muß eingeräumt werden, daß alle bisherigen Maßnahmen zur Energieeinsparung sich kaum auf die Stromeinsparung bezogen.

Bei den Möglichkeiten zur Einsparung von Strom stehen wir erst am Anfang einer technischen Entwicklung. Das reicht vom verstärkten Einsatz der Mikroelektronik zur intelligenteren Nutzung der Energie über den Einsatz regenerativer Energiequellen und dem Ausbau der Fernwärme bis zur Entwicklung von neuen Geräten für Haushalt und Industrie, die den Strom besser nutzen. Diese Vielzahl an technischen Möglichkeiten gilt es zu nutzen. Das bedeutet eine gewaltige industriepolitische Chance. Dieser technologische Aufbruch kann aber nur dann gelingen, wenn das Energiepreisniveau solche Maßnahmen auch wirtschaftlich als aussichtsreich erscheinen läßt.

Die technischen Möglichkeiten für geringeren Verbrauch sind vorhanden, und zwar ohne Wachstumsverzicht. Wir müssen nur jetzt die Weichen stellen, jetzt politisch entscheiden, welche Art von Energieversorgung wir in der Zukunft wollen.

2.1 Der Ausstieg und die Strompreise
Der Sofortausstieg

Ein sofortiger Ausstieg aus der Kernenergie, d.h. der Ersatz von ca. 30% der gesamten Bruttostromerzeugung im Jahr 1985, ist technisch nach Meinung aller Institute möglich. Die Stromerzeugung könnte durch eine höhere zeitliche Ausnutzung der vorhandenen Kraftwerke gesichert werden. Ob regionale Versorgungsprobleme in Spitzenlastzeiten auftreten, kann nicht abschließend beurteilt werden. Selbst nach Schätzungen der Elektrizitätswirtschaft haben wir heute erhebliche Überkapazität bei der Stromerzeugung. Sie liegt bei mindestens 15000 Megawatt. Weitere 2000–3000 Megawatt können von den auch sonst nicht voll ausgelasteten Kraftwerken bereitgestellt werden, um die 17000 Megawatt Atomenergie abzulösen. Je nachdem, in welchem Umfang die Kohle, Öl-, Gas- und Wasserkraftwerke genutzt werden, verändern sich die geschätzten Strompreise.

Bei Prognos erhöht sich dabei die Benutzungsdauer der Kraftwerke pro Jahr wie folgt:

Benutzungsdauer in Stunden/pro Jahr	1986	1987	1990	1995
Braunkohlekraftwerke (Leistung: 13 600 MW)	6700	6700	7000	7000
Steinkohlekraftwerke (Leistung: 33 600 MW)	3850	3850	5500	5500
Ölkraftwerke (Leistung: 12 600 MW)	1400	3600	4800	4800
Gaskraftwerke (Leistung: 13 600 MW)	1800	4046	4046	4800

Quelle: Prognos III, S. 22, 24

Die Stromerzeugungskosten steigen gegenüber dem Szenario mit Atomkraft (Prognos I aus 1984)

1987 um 1,00 Pf/kWh
1990 um 0,09 Pf/kWh
1995 um 2,17 Pf/kWh
Quelle: Prognos III, S. 61

Diese Schätzung ist niedrig. Sie ist aber das Resultat der umfassendsten Bestimmung der Kosten von allen Gutachten. Ich halte sie für solide durchgerechnet, denn es werden alle Kostenwirkungen im gesamten bestehenden Kraftwerksbestand, vom Baubeginn bis zur Stillegung, Jahr für Jahr dargelegt (Prognos III, S. V). Sämtliche Betriebskosten, Brennstoffkosten, Kapitalkosten, Kosten für Entschwefelung und Entstickung von Kohlekraftwerken gemäß der Großfeuerungsanlagenverordnung wurden einbezogen. Für die veranschlagte Importkohle wurde ein erheblicher Preisschub eingesetzt, die vorzeitig stillgelegten Atomkraftwerke werden planmäßig abgeschrieben; ihre Stillegungskosten werden mit 10% der Anlagekosten eingesetzt.
Ein Zubau fossiler Kraftwerke erfolgt erst ab 1992; er wird

ab 1995 kostenwirksam. Wenn die geschätzten 19000 Megawatt zugebaut werden (Prognos III, S. 7), entstehen Mehrkosten von rund 25 Mrd. DM. Das setzt sich zusammen aus: Betriebskosten von 3,9 Mrd. DM, Brennstoffkosten von 13,5 Mrd. DM und Kapitalkosten von 7,7 Mrd. DM. Entlastungen bringt der Wegfall von Brennstoff- und Betriebskosten von Atomkraftwerken in Höhe von 9,2 Mrd. DM (Prognos III, S. 67).

Im wesentlichen werden die ab 1995 ausgewiesenen Mehrkosten von 2,17 Pf/kWh »durch den zusätzlichen Bau und Betrieb von fossilen Kraftwerken bei anhaltenden Restabschreibungen für Kernkraftwerke verursacht« (Prognos III, S. 69). Prognos weist aber darauf hin, daß bei Kumulierung von Einsparmaßnahmen und einer rationelleren Energieausnutzung die Zusatzkosten bis zum Jahr 2000 statt 13% nur 6% betragen würden (Prognos III, S. 71).

Das RWI gibt folgende Benutzungsdauer der Kraftwerke an:

Benutzungsdauer in Stunden pro Jahr	1986	1987	1990	1995
Braunkohlekraftwerke (Leistung: 13 600 MW)	7000	7100	7200	7300
Steinkohlekraftwerke (Leistung: 23 600 MW)	6750	6650	6350	6300
Ölkraftwerke (Leistung: 12 600 MW)	2000	2200	2400	2000
Gaskraftwerke (Leistung: 13 600 MW)	4000	4100	4150	4200

Quelle: RWI, S. 52

Ein Vergleich zwischen RWI und Prognos ergibt folgendes Bild:

- Die Braunkohle wird vom RWI etwas stärker berücksichtigt.

- Die Steinkohle wird vom RWI ganz erheblich hochgefahren.

- Das Öl wird dagegen bei Prognos sehr stark berücksichtigt.

- Das Gas wird sowohl vom RWI wie von Prognos stark ausgeweitet.

Auch das *RWI* geht beim Sofortausstieg von einem erheblichen Importkohlebedarf aus. Ab 1990 sei ein Zubau von Steinkohlekraftwerken von etwa 20000 Megawatt bis zum Jahr 2010 nötig, weil eine noch höhere Ausnutzung der laufenden Kraftwerke unrealistisch sei (RWI, S. 54).
Der Strompreis steigt beim RWI gegenüber dem Szenario mit Atomkraft (Prognos I aus 1984)

1986 um 3,17 Pf/kWh
1987 um 3,50 Pf/kWh
1990 um 4,14 Pf/kWh
1995 um 3,41 Pf/kWh

Das ist bis 1995 etwas mehr als das Dreifache, ab 1995 etwa das Doppelte der Prognos-Schätzung.
Ein Grund liegt beim RWI in der Annahme über die Importkohlepreise. Das Institut rechnet ab 1986 mit jährlich 4,5 % Zuwachs bis zum Jahr 2000 (RWI, S. 64). Demgegenüber schätzt Prognos die Zuwachsrate mit 2,5 % jährlich bis 1990; und mit 4,8 % bis 1995.
Weitere Gründe liegen in der Annahme, daß neue Kapazitäten von 20000 Megawatt allein durch Steinkohlekraftwerke abgedeckt werden sollen.

Die vorhandenen Überkapazitäten bei den Kraftwerken und des generell zu hoch geschätzten Zuwachses des Stromverbrauchs lassen eher vermuten, daß der Kapazitätsausbau von Kohle-, Öl- oder Gas-Kraftwerken vor dem Jahr 2000 weit geringer ausfällt. Das RWI-Gutachten ist auf jeden Fall zu Steinkohle orientiert.
Die KfA-Studie rechnet bei einem Sofortausstieg mit einer höheren Benutzungsdauer der Kraftwerke

bei Steinkohle	auf 5200 Stunden
bei Braunkohle	auf 7600 Stunden
bei Öl	auf 6050 Stunden
bei Gas	auf 3600 Stunden

Quelle: KfA, S. 2

Ob diese Benutzungsdauer der Kraftwerke über die nächsten Jahre unverändert bleibt, wird nicht beantwortet. Die *KfA* liegt damit sowohl bei Steinkohle-, Braunkohle- und bei Ölkraftwerken erheblich über den Prognos-Annahmen, bei Gas-Kraftwerken aber erheblich darunter. Der Strompreis steigt um 4 Pf/kW (KfA, S. 8). Ob dies aus dem sehr hohen Brennstoffeinsatz beim Öl erklärbar ist, muß offenbleiben, da die KfA keine der Prognos-Untersuchung vergleichbare Analyse über Kraftwerksbestand und seine Umstrukturierung für den Sofortausstieg vorlegt.
Das *ISP* bewertet im sog. Szenario A den Sofortausstieg (ISP, S. V–1). Dabei verändert sich nicht nur die Benutzungsdauer der Kraftwerke, vielmehr wird aus Umweltschutzgründen bei Mischfeuerungen (Steinkohle und Gas) und bei Steinkohlekraftwerken zusätzlich zwischen dem Einsatz von Ballast- und Vollwertkohle unterschieden.
Die veränderte Ausnutzung zeigt die nachstehende Übersicht:

Die veränderte Ausnutzung zeigt die nachstehende Übersicht

Kraftwerkstyp	Leistung netto GW	Energieträger	Arbeitsausnützung h/a	Stromerzeugung TWh/a netto	Primärenergieeinsatz TWh/a
Wasserkraftwerke	6,0	Wasser	2700	16	43
Gaskraftwerke	10,0	Gas	5000	50	129
Ölkraftwerke	10,2				
– nur Heizöl	8,2	Heizöl	3500	29	82
– mit 80% Erdgas	2,0	Heizöl 20%	5000	2	6
		Erdgas 80%	5000	8	24
Mischfeuerungen	10,2				
mit Erdgas	0,6	Erdgas	6700	4	10
Schmelzfeuerung					
– Ballastkohle	2,4	Ballastkohle	3500	8	24
– Vollwertkohle	2,4	Vollwertkohle	6000	14	41
Trockenfeuerung					
– nur Kohle	3,8	Vollwertkohle	6700	26	74
– mit ²/₃ Erdgas	1,0	Vollwertkohle 33%	6700	2	6
		Erdgas 67%	6700	4	12
Steinkohle-	13,7				
Schmelzfeuerung					
– Ballastkohle	3,7	Ballastkohle	3500	13	37
– Vollwertkohle	4,4	Vollwertkohle	6000	26	76
Trockenfeuerung					
– nur Kohle	4,6	Vollwertkohle	6700	31	88
– mit ²/₃ Erdgas	1,1	Vollwertkohle 33%	6700	3	7
		Erdgas 67%	6700	5	15
Braunkohlekraftwerke	10,7	niedriger S-Gehalt	7300	78	243
Summe	60,9			320	922

Quelle: ISP S. 4 (oben)

Der Strompreis steigt um 2,2 Pf/kW bis 1990, danach um 3 Pf/Kwh jährlich (ISP, S. S–52). Obwohl die Kapitalkosten für den Kraftwerksbestand, die veränderten Brennstoffmengen, die Kosten des Baustopps der im Bau befindlichen Kernkraftwerke sowie die Abschreibung für noch im Betrieb befindliche einbezogen werden und die Brennstoffkosten ohne angenommene Preissteigerungen gerechnet werden, liegt ISP beim Strompreis doppelt so hoch wie Prognos.

Das Öko-Institut (zusammen mit IÖW) gibt keine eigene Abschätzung der Strompreisentwicklung an; mit folgender Begründung: »Welche Annahmen über zukünftige Kostenentwicklungen und somit Ergebnissen von Stromkostenrechnungen man glauben will, hängt von subjektiven Einschätzungen und Interessenlagen ab. Die etablierten Institute hatten bisher gegenüber Kernkraftkritikern einen großen Glaubwürdigkeitsvorsprung, was jedoch noch nichts über die Richtigkeit der Einschätzungen aussagt.« (Öko/IÖW, S. 70) Diese ablehnende Haltung wird jedoch nicht bei allen Abschätzungen über Kosten durchgehalten; bei der Kernenergie nimmt das Öko-Institut sehr wohl selbst Abschätzungen über zukünftige Kostenentwicklungen vor. (Öko/IÖW, S. 73 ff.)

Die Öko-Studie vermittelt deshalb keine Gesamtbetrachtung: damit entwerten die Verfasser ihre durchaus interessanten Aussagen zum Energieeinsparpotential, zu den zu erwartenden Umweltbelastungen und Faktoren möglicher Kostensteigerungen der Kernenergie, die die anderen Institute bis auf das ISP nicht berücksichtigen.

Ziesing (DIW) schätzt nach Erörterung der Struktur und Nutzung des vorhandenen Kraftwerksbestandes – er geht dabei von mindestens 11 000 Megawatt Überkapazität aus (Ziesing, DIW, S. 8) – die Ausnutzung der Kraftwerke wie Prognos, bis auf Gas, dort nimmt er eine um 500 Stunden höhere Ausnutzung an.

Die Mehrkosten beim Strom schätzt er auf – einmalig – 2,4 Pf/kWh (Ziesing, DIW, S. 11). Bei den 2,4 Pf/kWh Mehrkosten hat Ziesing nach eigenen Angaben nicht – wie Prognos und RWI – einen möglichen Ersatzinvestitionsbedarf für konventionelle Wasserkraftwerke bzw. für die nicht ans Netz gehenden Kernkraftwerke Mülheim-Kärlich, Brokdorf, Lingen II, Ohu II und Neckarwestheim II einbezogen. Seine »Plausibilitätsannahmen«, die auch mit weiter steigenden Energiepreisen rechnen, bieten deshalb ein unvollständiges Bild.
Die weit stärker differenzierenden Studien von Prognos und RWI sind deshalb von größerem Wert – selbst wenn sie in den Ergebnissen stark voneinander abweichen. Die nachstehende Tabelle gibt einen Überblick über alle Schätzungen.

Geschätzte Strompreissteigerung beim Sofortausstieg in Pf/kWh

	1986	1987	1990	1995
Prognos	—	1	0,09	2,17
RWI	3,17	3,5	4,41	3,41
KfA	4	4	4	—
ISP	2,2	2,2	2,2	3
Öko	—	—	—	—
Ziesing	2,4	—	—	—

Der geordnete Ausstieg

Im Falle eines *geordneten Ausstiegs* aus der Atomkraft, z. B. bis 1996 oder bis 2000, liegen die Mehrkosten niedriger. *Prognos* rechnet mit 0,27 Pf/kWh 1987. Von 1988 bis 1991 steigen sie sogar etwas weniger als bei einem Festhalten an der Atomkraft (1990 um 0,2 Pf/kWh). »Der entscheidende

Unterschied besteht darin, daß bis Ende 1986 ans Netz gegangene Kernenergieleistung von 18625 Megawatt zunächst weitergefahren wird. Erst ab 1992 erfolgen entsprechende Stillegungen (Prognos III, S. 26). Nach 1995 verläuft die Entwicklung wie bei einem Sofortausstieg, und zwar eine Steigerung um 2,17 Pf/kWh.

Das *RWI* geht bei diesem Zeithorizont ebenfalls davon aus, daß die im Bau befindlichen Kernkraftwerke ans Netz gehen; sie werden sukzessive bis 1995 stillgelegt (RWI, S. 110). Die ältesten Atomkraftwerke, z. B. in Stade und Würgassen, sind danach bis 1990 abgeschaltet (RWI, S. 112). Wie beim Sofortausstieg ist der Kapazitätsausbau von 20000-Megawatt-Kohlekraftwerken nötig, er kann aber zeitlich gestreckt werden. Die Strompreise steigen statt um 3,5–4,1 Pf/kWh beim Sofortausstieg nur um 1,57 Pf/kWh; liegen aber immer noch höher als bei Prognos.

Die *KfA* rechnet bei einem geordneten Ausstieg, den sie in zwei Varianten abbildet, mit Mehrkosten von 3,1 Pf/kWh bzw. von 2,4 Pf/kWh von 1990 bis 2010 (KfA, S. 23, 26).

Das *ISP* schätzt die Kosten bei einem geordneten Ausstieg, der bereits nach fünf Jahren abgeschlossen ist (ISP, S. V–1), auf 3 Pf/kWh. Es weist darauf hin, daß die Summe höher sein kann, wenn wegen Weiterbetrieb der Kernkraftwerke Risikokosten hinzutreten, bzw. die Summe sich verringert, wenn alle technisch möglichen Einsparungen verwirklicht werden (ISP, S. 60, 61).

Das Öko-Institut gibt auch bei einem Rückzug aus dem oben zitierten Grund keine Kostenschätzung an.

Ziesing (DIW) verzichtet ebenfalls auf eine entsprechende Abschätzung.

Die geschätzten Strompreiserhöhungen liegen insgesamt zwischen 1 und 3,1 Pf/kWh. (Von dem RWI-Wert für 1995 bei geordnetem Rückzug von 4,4 Pf abgesehen), d. h., sie liegen zwischen knapp 8 % und etwa 20 %.

Für 1978 hatte das *RWI* die Stromkostenbelastung in Pro-

Geschätzte Strompreissteigerung beim geordneten Ausstieg in Pf/kWh

	1986	1987	1990	1995
Prognos	—	0,27	0,2	2,17
RWI	—	1,57	1,57	4,40
KfA	—	—	2,4–3,1	2,4–3,1
ISP	—	—	3	3

zent der Bruttoproduktionskosten verschiedener, auch stromintensiver Wirtschaftszweige geschätzt:

Grundstoff- und Produktionsgüter	4,8%
Investitionsgüter	2,2%
Verbrauchsgüter	3,0%
Nahrungs- und Genußmittel	2,4%
Handel und Verkehr	1,8%
Dienstleistungen	1,3%

Quelle: RWI, Die Wettbewerbsfähigkeit der deutschen Wirtschaft bei verschiedenen Energieversorgungsstrukturen, Essen, 1981

Durch die prognostizierte Erhöhung der Strompreise werden die Produktionskosten insgesamt nach dieser RWI-Studie um wenige Zehntel-Prozent belastet. Es ist also nicht haltbar zu behaupten, unsere internationale Wettbewerbsfähigkeit hänge entscheidend von der weiteren Nutzung der Atomkraft ab.

Selbst wenn man die – m. E. durch die Prognos-Studie widerlegten – wichtigsten Annahmen der KfA akzeptieren würde, wäre in keinem Fall der »Lebensnerv der deutschen Wirtschaft getroffen«, wie es Walter Wallmann behauptet hat.

2.2 Der Ausstieg und die Umwelt

Die Emissionen aus den Kraftwerken sind eine der wesentlichen Quellen für die Umweltbelastungen. Wir müssen die Belastungen durch Luftschadstoffe in jedem Fall senken.

Schwefeldioxid	Stickoxid	Staub
3,0	3,1	0,7

Das Umweltbundesamt hat folgende Gesamtbelastungen für Luftschadstoffe (in Mio. t) für *1982* errechnet.
Die Schadstoffe verteilen sich auf die einzelnen Wirtschaftssektoren folgendermaßen (in Mio. t):

	Schwefel-dioxid	Stickoxid	Staub
Kraftwerke	1,8	0,9	0,15
Industrie	0,8	0,4	0,42
Haushalte	0,3	0,1	0,06
Verkehr	0,1	1,7	0,07

Prognos hat die zukünftigen Umweltbelastungen nicht abgeschätzt.
Das RWI hat die Umweltbelastungen der Luft beim Festhalten an der Atomkraft wie folgt abgeschätzt (siehe Tabelle Seite 68).
Das RWI geht bei dieser Berechnung davon aus, »daß die in der Großfeuerungsanlagen-Verordnung (GFA-VO) vorgeschriebene Höhe der Schadstoffbeseitigung erreicht wird. Die GFA-VO wendet sich an die Betreiber größerer Feuerungsanlagen (über 50 Megawatt) und setzt für Alt- und Neuanlagen u. a. Grenzwerte und Abscheidequoten für Schwefeldioxid und Staub fest, aus denen sich in den Kraftwerken ein Reduktionsgrad bei Schwefelemissionen von rund 80 vH und bei Staubemissionen von rund 50 vH ergibt. Die Umrüstung muß bis 1988 abgeschlossen sein. Anlagen, für die die Restnutzungsdauer auf 10000 bzw. 30000 Stunden festgesetzt ist, brauchen nicht umgerüstet werden. Die Betriebe verpflichten sich aber, bei diesen Anlagen schwefelarmen Brennstoff einzusetzen und sie bis spätestens 1993 stillzulegen. Der Stand der Technik und

Emissionen beim Festhalten an der Atomkraft 1985 bis 2000, in 1000 t/Jahr

Energieträger	1985	1986	1987	1990	1995	2000
			Schwefeldioxid			
Steinkohle	706	767	500	231	196	211
Braunkohle	553	546	435	105	84	88
Öl	74	72	60	23	16	11
Gas	–	–	–	–	–	–
insgesamt	1333	1386	996	359	296	311
			Stickoxid (als NO_2)			
Steinkohle	446	452	398	329	157	170
Braunkohle	235	213	189	171	71	75
Öl	16	16	14	13	5	4
Gas	53	50	44	34	14	12
insgesamt	751	731	645	547	247	261
			Staub			
Steinkohle	93	94	72	39	44	47
Braunkohle	45	41	36	28	27	29
Öl	2	2	2	1	1	1
Gas	–	–	–	–	–	–
insgesamt	141	137	111	69	72	77

Quelle: RWI, S. 44

somit Grenzwerte und Abscheidequoten für Stickoxid wurde 1984 auf der Umweltministerkonferenz festgelegt, ein zeitlicher Rahmen für die Entstickung jedoch nicht vorgegeben. Die Industrie sieht jedoch vor, bis 1988 durch autonome Maßnahmen einen Reduktionsgrad von 30 vH und bis 1994 durch Entstickungsanlagen einen Reduktionsgrad von insgesamt 70 vH zu erreichen. In den Emissionen des Jahres 1985 sind die eingebauten Entschwefelungsanlagen bereits berücksichtigt; ab 1993 sind nur noch umgerüstete Anlagen vorhanden (RWI, S. 43–45).

Nach der jetzigen Rechtslage und infolge freiwilliger Verpflichtungen der Kraftwerksbetreiber wird also eine Verminderung von

Schwefeldioxid um 80 %, Stickoxid um 70 %, Staub um 50 %

bis Mitte der 90er Jahre zu erreichen sein. Nach 1995 steigen die Umweltbelastungen nach Meinung des RWI dann wieder an, wenn der Energieeinsatz von Kohle, Öl und Gas erhöht wird. Dies ist nicht zwangsläufig: Denn weitere technische Verbesserungen bei der Entschwefelung und bei der Entstickung sind möglich. Und bei verstärktem Energiesparen werden die Schadstoffemissionen zurückgehen. Das RWI setzt weder auf Energieeinsparung, noch auf Strukturwandel, noch auf technische Innovationen und auch nicht auf die Verschärfung von gesetzlichen Maßnahmen.

Der Sofortausstieg

Das RWI schätzt die Umweltbelastungen beim Sofortausstieg folgendermaßen ab:

Emissionen beim Sofortausstieg aus der Atomkraft 1985 bis 2000, in 1000 t/Jahr

Energieträger	1985	1986	1987	1990	1995	2000
			Schwefeldioxid			
Steinkohle	706	1122	708	326	299	356
Braunkohle	553	589	477	112	93	97
Öl	74	186	162	50	33	21
Gas	–	–	–	–	–	–
insgesamt	1333	1899	1349	489	426	476
			Stickoxid			
Steinkohle	446	695	596	514	243	290
Braunkohle	235	229	207	184	79	83
Öl	16	39	37	34	11	7
Gas	53	78	71	66	30	27
insgesamt	751	1041	911	798	363	408
			Staub			
Steinkohle	93	145	108	61	68	80
Braunkohle	45	44	40	30	30	32
Öl	2	5	5	3	2	2
Gas	–	–	–	–	–	–
insgesamt	141	194	154	95	100	114

Quelle: RWI, S. 67

Hierbei wird angenommen, daß der zusätzliche Steinkohleeinsatz mit Vollwertkohle, der Braunkohleeinsatz mit schwefelarmer Kohle, der Heizöleinsatz mit Öl von mittlerem Schwefelgehalt gedeckt wird.
Alle schon mit Umweltschutztechniken umgerüsteten Kraftwerke – also auch die alten – müssen mit höheren Betriebsstunden betrieben werden (RWI, S. 66).
Zusammengefaßt ergeben sich beim Sofortausstieg folgende zusätzliche Emissionen gegenüber einem Festhalten an der Atomkraft (in 1000 t):

	1986	1987	1990	1995	2000
Schwefeldioxid	513 000	353 000	130 000	130 000	165 000
Stickoxid als NO_2	310 000	266 000	251 000	116 000	
Staub	57 000	43 000	26 000	28 000	37 000

Quelle: RWI, S. 67

Zu höheren Umweltbelastungen als das *RWI* kommt die *KfA*; nach ihren Angaben »müßte kurzfristig mit zusätzlichen *jährlichen* Emissionen gerechnet werden«:

SO_2 600000 t – 650000 t
NO_x 300000 t – 350000 t
Staub: etwa 30000 t

Quelle: KfA, S. 8

Die *KfA* optimiert den Kraftwerkseinsatz nach den niedrigsten Betriebskosten. Bei einem Festhalten an der Atomkraft geht auch die *KfA* vom Rückgang der Emissionen – etwa wie das RWI – aus (KfA, S. 50ff., 64ff.). Um so unerklärlicher ist bei der KfA-Studie, warum für den Sofortausstieg keine Angaben für die Folgejahre gemacht werden.
Das *ISP* kommt zu völlig anderen Ergebnissen für den Sofortausstieg:

SO_2 verringert sich gegenüber 1985 um 108000 t
NO_x steigt um 80000 t
gegenüber einem Festhalten an der Atomkraft (ISP, S. Z-7).

Schadstoffemissionen im Kraftwerksbestand

Kraftwerkstyp	relative SO_2-Emissionen g/kWh Strom	absolute SO_2-Emissionen 1000 t/Jahr	relative NO_X-Emissionen g/kWh Strom	absolute NO_X-Emissionen 1000 t/Jahr
Wasserkraftwerke	0,00	0	0,00	0
Gaskraftwerke	0,08	4	1,53	76
Ölkraftwerke				
nur Heizöl	9,00	257	2,10	60
mit 80% Erdgas	9,00	18	2,10	4
	0,08	1	1,53	12
Mischfeuerungen				
mit Erdgas	0,09	0	1,53	6
Schmelzfeuerung				
– Ballastkohle	5,16	43	7,20	60
– Vollwertkohle	2,90	42	7,00	101
Trockenfeuerung				
– nur Kohle	2,90	75	3,25	84
– mit ²/₃ Erdgas	2,90	6	3,25	7
	0,08	0	1,53	7
Steinkohle-				
Schmelzfeuerung				
– Ballastkohle	5,16	67	7,20	93
– Vollwertkohle	2,90	77	7,00	185
Trockenfeuerung				
– nur Kohle	2,90	89	3,25	99
– mit ²/₃ Erdgas	2,90	7	3,25	8
	0,08	0	1,53	8
Braunkohlekraftwerke	5,10	398	3,30	258
Summe		1085		1068

Quelle: ISP S. S-4

Der Grund für dieses um rund 500000 t bei SO_2 bzw. um rund 200000 t bei NO_x niedriger liegende Ergebnis gegenüber *RWI* liegt in einer völlig anderen Annahme über die

Zusammensetzung der Brennstoffe: ISP nimmt einen sehr hohen zusätzlichen Gasanteil und einen hohen Anteil schwefelarmer Importkohle an. Dazu kommt, daß die Hälfte der Steinkohle in Kraftwerken mit Rauchgaswäsche verfeuert werden soll.
In allen Kernkraftwerken sind sofort weitgehende Umrüstungen zur Stickoxidbegrenzung innerhalb weniger Monate durchzuführen und Veränderungen an der Feuerung vorzunehmen. Gerade die Umsetzungen der raschen umwelttechnischen Maßnahmen innerhalb weniger Monate sind wenig realistisch. Das braucht mehrere Jahre. Die umfassenden ökologischen Sofortmaßnahmen zur größtmöglichen Verringerung der Schadstoffe aus den Kraftwerken sind so nicht durchzusetzen. Diese Annahme ist auch angesichts der Kapazitäten der Hersteller dieser Umwelttechniken wenig realistisch.
Der Jahrhundertvertrag, d. h. die Abnahmegarantien der Elektrizitätsunternehmen für deutsche Steinkohle kann bei diesen Annahmen nicht gehalten werden. Deutsche Steinkohle müßte auf Halde genommen werden, und zwar etwa 8 Mio. t zwischen 1985 und 1990 (ISP, S. S–34ff.). Die zusätzlich notwendige Erdgasmenge von ca. 15 Mrd. m^3 entsprechend 18,5 Mio. t SKE und die kurzfristige Beschaffung von 13 Mio. t SKE schwefelarmer Importsteinkohle sind nicht gesichert.
Aus all diesen Gründen halte ich den ISP-Vorschlag zum Sofortausstieg für energiepolitisch fragwürdig und für industriell nicht durchführbar. Das Öko-Institut gibt keine eigenen Berechnungen der Schadstoffemissionen beim Sofortausstieg an. Es werden nur die Annahmen der KfA und des ISP dargestellt. Ziesing (DIW) gibt folgende zusätzliche Belastung an:

SO_2 500000 t, NO_x 300000 t, Staub 50000 t.

Er liegt also etwa bei den Schätzungen des RWI für 1986. Er geht von vorübergehenden Belastungen, die über mehrere Jahre verteilt werden, aus. Die hohen Werte begründet er damit, daß »Kernkraftwerke reaktiviert werden müssen, bei denen eine Nachrüstung mit Entschwefelungs- und Entstikkungsanlagen nicht mehr vorgesehen war«.
Wenn man realistisch die Umweltbelastungen bei einem Sofortausstieg betrachtet, sind massive höhere Belastungen bei Schwefeldioxid, Stickoxid und Staub bis zum Jahr 2000 unvermeidlich.

Der geordnete Ausstieg

Die Umweltbelastungen bei einem geordneten Ausstieg bis zum Jahr 1995 bzw. 2000 fallen nach Schätzung des *RWI* wesentlich niedriger aus als beim Sofortausstieg.

Vergleich der Emissionen in 1000 t/Jahr

	1986	1990	1995	2000
	Schwefeldioxid			
mit Atomkraft	1386	359	296	311
Sofortausstieg	1899	489	426	476
geordneter Ausstieg	1386	394	426	476
	Stickoxid			
mit Atomkraft	731	547	247	261
Sofortausstieg	1041	798	363	408
geordneter Ausstieg	731	629	363	408
	Staub			
mit Atomkraft	137	69	72	77
Sofortausstieg	194	95	100	114
geordneter Ausstieg	137	76	100	114

Gegenüber dem Weiterbetrieb der Atomkraft fallen bei einem Rückzug bis 1995 erst ab 1990 überhaupt höhere Emissionen an als bei Weiterbetrieb von Atomkraftwerken. 1990 sind es 35000 t SO_2; 82000 t NO_x und 7000 t Staub. In jedem Fall kommt es bis 1995 zu ganz wesentlichen Verrin-

gerungen der Schadstoffe gegenüber dem jetzigen Stand. Bei SO_2 um mindestens 66%; bei Stickoxid um mindestens 44%; und bei Staub um mindestens 17%.
Bei dieser Schätzung legt das RWI den Stand der Technik nach den jetzigen rechtlichen Bestimmungen zugrunde. Unberücksichtigt bleiben auch weitere technische Verbesserungen bei Entschwefelung und Entstickung, die zu wesentlich geringeren Belastungen führen werden. Es dürften dann bei stetiger ökologischer Verbesserung keine bedenklichen Mehrbelastungen gegenüber einem Weiterbetrieb der Atomkraft bestehen.
Die *KfA* geht bei dem hier zu beschreibenden »Ausstiegsszenario 2« davon aus, daß »in der Periode 1990/1995 bereits keine Kernenergienutzung mehr zugelassen ist« (KfA, S. 20). Es werden zusätzliche Emissionen wegen des Weiterlaufens alter Anlagen ohne Umweltschutztechniken zugelassen (KfA, S. 15). Folgende gegenüber heute zusätzliche Emissionen werden ab 1990 geschätzt.

SO_2 140000 t/Jahr, NO_x 170000 t/Jahr

Es bleibt offen, ob die KfA hierbei eine Verbesserung auf neuesten Umweltstandard bei Entschwefelung und Entstikkung einbezieht. Energiesparen und eine langsam steigende Versorgung mit regenerativen Energiequellen werden jedoch nicht einbezogen (KfA, S. 29).
Das ISP nimmt bei gleichen Angaben über die unterschiedliche Zusammensetzung der Brennstoffe an, daß mit dem geordneten Ausstieg aus der Kernkraft »erst nach erfolgter Installation weitestgehender Rauchgasreiniger bei den fossilen Kraftwerken, wofür eine Zeitspanne von etwa 5 Jahren veranschlagt wurde« (ISP, S. V–1), begonnen wird.
Dann wird gegenüber 1985 eine Reduzierung der SO_2-Emissionen auf 60% und der NO_x-Emissionen auf 80% angenommen.
Dies verdeutlicht nachstehende Tabelle.

Kraftwerkstyp	relative SO_2-Emissionen g/kWh Strom	absolute SO_2-Emissionen 1000 t/a	relative NO_X-Emissionen g/kWh Strom	absolute NO_X-Emissionen 1000 t/a	Brennstoffkosten relativ DM/MWh	Brennstoffkosten absolut Mio. DM
Wasserkraftwerke	0,00	0	0,00	0	0,0	0
Gaskraftwerke	0,08	4	1,53	76	29,5	3811
Ölkraftwerke						
nur Heizöl	9,00	29	2,10	7	29,5	277
mit 80% Erdgas	9,00	18	2,10	4	29,5	173
	0,08	1	1,53	12	29,5	694
Mischfeuerungen						
mit Erdgas	0,08	0	1,53	6	29,5	274
Schmelzfeuerung						
– Ballastkohle	5,16	37	7,20	52	19,7	406
– Vollwertkohle	2,90	21	7,00	50	25,2	520
Trockenfeuerung						
– nur Kohle	2,90	67	3,25	75	25,2	1664
– mit 2/3 Erdgas	2,90	6	3,25	6	25,2	138
	0,08	0	1,53	6	29,5	325
Steinkohle-						
Schmelzfeuerung						
– Ballastkohle	5,16	57	7,20	80	19,7	627
– Vollwertkohle	2,90	38	7,00	92	25,2	953
Trockenfeuerung						
– nur Kohle	2,90	79	3,25	89	25,2	1976
– mit 2/3 Erdgas	2,90	7	3,25	7	25,2	164
	0,08	0	1,53	7	29,5	386
Braunkohlekraftwerke	5,10	327	3,30	212	14,7	2996
Kernenergie	0,00	0	0,00	0	4,9	987
Summe		693		782		15372

Quelle: ISP S. Z-7

Das Öko-Institut geht bei einem geordneten Ausstieg davon aus, daß 1995 alle Atomkraftwerke abgeschaltet sind. Ferner wird unterstellt, daß die Stromproduktion 1995 mit 403 Terrawatt etwa so hoch ist wie 1985. Die heutigen 125 Terrawatt Atomstrom sollen nach der Öko-Institut-Studie wie folgt ersetzt werden:

- 50 Terrawatt durch dezentrale Wärme-Kraft-Kopplung; das entspricht 14% der öffentlichen Stromerzeugung 1985.

Die nachstehende Tabelle weist die dann noch vorhandenen Emissionen aus:

- 20 Terrawatt durch Wasser- und Windkraft.
- 55 Terrawatt durch fossile Kraftwerke, wobei es gleichgültig sei, ob Gas, Öl oder Kohle eingesetzt werden, da das Öko-Institut unterstellt, daß bis 1995 alle Kraftwerke entschwefelt und entstickt sind.

Stromproduktion und Emissionen von Schwefeldioxid und Stickoxid in der Bundesrepublik Deutschland im Jahr 1995 beim Ausstieg aus der Atomenergie

	Strom-produktion in TWI	Veränderung zu 1985 in Twh	Emissionen SO_2 in t	Emissionen NO_X in t
Industrie	29	–	15 000	20 000
Wärme-Kraft-Kopplung insgesamt	78	+50	23 000	14 000
Steinkohle	98	–	49 000	69 000
Braunkohle	84	–	42 000	29 000
Heizöl	4	–	3 000	2 000
Erdgas	71	+55	6 000	21 000
Wind- und Wasserkraft	35	+20	–	–
Kernenergie	–	−125	–	–
Sonstige	4	–	>0	>0
Insgesamt	403	0	138 000 (−92%)	155 000 (−80%)

Quelle: Öko-Institut S. 52

Das Öko-Institut nimmt also Emissionen an, die die Hälfte der RWI-Annahmen im Fall des Weiterbetriebs von Atomkraftwerken betragen. Das waren für 1995: 296000 t SO_2 und 247000 t NO_x.
Ziesing (DIW) macht für einen Rückzug bis 1995 im Hinblick auf Umweltbelastungen keine quantitativen Angaben.

2.3 Der Ausstieg und die Arbeitsplätze

Prognos III faßt seine Schätzung der Arbeitsplatzeffekte für den Sofortausstieg und einen Ausstieg bis 1995 zusammen. Das Institut verweist auf die Probleme einer solchen Schätzung, die ich für grundlegend halte, weil sie in der öffentlichen Debatte viel zuwenig beachtet werden: »Der zu erwartende strukturelle Wandel in der volkswirtschaftlichen Produktion wird bis zum Jahr 2020 erhebliche Verschiebungen in der Endnachfrage, vor allem aber in der sektoralen Verflechtungsmatrix bewirken: Der Anteil der Produkte der (stromintensiven) Grundstoffindustrien und des Energiesektors an den intersektoralen Lieferungen wird zurückgehen. Deutlich in den Vordergrund schieben sich dagegen Investitionsgüter und Dienstleistungen« (Prognos III, S. 80).
Erst ab den neunziger Jahren ermittelt dann Prognos Verluste von etwa 62000 Arbeitsplätzen (Prognos, S. 91). Für die Zeit nach 2000 sind es nur noch Verluste von 15000 Arbeitsplätzen. Diese geschätzten Verluste treffen gut zur Hälfte die Dienstleistungssektoren und zu einem Viertel Industriesektoren mit höherem Ausbildungsstand der Arbeitskräfte (Prognos III, S. 91). Nach den Prognos-Vorausschätzungen zum Arbeitsmarkt insgesamt wird sich in der zweiten Hälfte der neunziger Jahre wegen des Bevölkerungsrückgangs und der wachsenden Anforderungen an die Beschäftigten der Arbeitsmarkt verengen. Qualifizierte Arbeitskräfte werden stärker gesucht. Ein Verlust von höherwertigen Arbeitsplät-

zen ist deshalb langfristig eher unschädlich und dürfte kaum zu einer Erhöhung der Arbeitslosenzahlen führen (Prognos III, S. 92).

Das RWI unterscheidet zwischen *Sofortausstieg* und Ausstieg bis 1995. Eine differenzierte Analyse legt das Institut nur für den Sofortausstieg vor (RWI, S. 90); die Ergebnisse geben eine Obergrenze der kurzfristigen Folgen eines Verzichts an (RWI, S. 90). Für den geordneten Ausstieg gibt es nur eine pauschale Schätzung. Bei einem Sofortausstieg wäre »eine durchschnittliche Verringerung des gesamtwirtschaftlichen Wachstums« um 1%, ein Rückgang der Beschäftigung um 100000 bzw. 130000 Beschäftigten und ein Anstieg des Preisniveaus des privaten Verbrauchs um 0,6% zu erwarten (RWI, S. 94).

Bei einem geordneten Rückzug bis 1995 schätzt das RWI die Arbeitsplatzverluste am unteren Ende der Skala von 30000 bis 130000 (RWI, S. 115), also etwa in der von Prognos angenommenen Größenordnung.

Ein geordneter Rückzug aus der Atomkraft führt also keineswegs – wie Helmut Kohl behauptet hat – zu Massenarbeitslosigkeit. Damit ist eines der wichtigsten Argumente in der politischen Auseinandersetzung widerlegt und stellt sich als bewußt geschürte Panikmache heraus. In die richtige Richtung weist demgegenüber das Öko-Institut. Es gibt zwar keine quantitative Arbeitsplatzabschätzung ab. Aber es schlägt einen Aktionsplan vor, der einen Weg für eine ökologisch und sozial orientierte Energiewirtschaft freigibt (Öko, S. 8). Arbeitsplatzverluste werden dann nach seiner Ansicht mehr als aufgefangen durch den Aufbau von Energiesparindustrien, durch rationelle Energieverwendung und durch regenerative Energieindustrien.

Prognos rechnet bis 1995 mit über 19000 Megawatt zusätzlicher, fossil betriebener Kraftwerke.

		Arbeit
Importkohle	8 444 MW	68,1 Twh
Gas	4 898 MW	50,9 Twh
Öl	5 669 MW	34,9 Twh
Summe	19 011 MW	153,5 Twh

Sie kosten:

Betriebskosten	3,9 Mrd. DM
Brennstoffkosten	13,5 Mrd. DM
Kapitalkosten	7,7 Mrd. DM
	25,1 Mrd. DM

Hinzuzurechnen sind Restkosten für Atomkraftwerke:

Endlagerung	0,4 Mrd. DM
Restabschreibung	6,7 Mrd. DM
	7,1 Mrd. DM
Zusammen	32,2 Mrd. DM

Quelle: Prognos III, S. 67

Die 32,2 Mrd. DM Stromerzeugungskosten bei einem geordneten Rückzug müssen mit den Stromerzeugungskosten bei Weiterbetrieb der Kernkraftwerke verglichen werden.
Diese belaufen sich auf 21,8 Mrd. DM. An Mehrkosten fallen also insgesamt 10,4 Mrd. DM an.
Bezogen auf die gesamten Kosten der Stromerzeugung von 79,6 Mrd. DM sind das 13 % mehr (Prognos III, S. 69) für

einen Zeitraum von rund 10 Jahren. Dabei sind Strategien zur Eingrenzung der Kosten vernachlässigt (Prognos III, S. 61).

Die Wirkungsgrade sind auf dem Stand von 1986 festgeschrieben. Eine Verbesserung der Wirkungsgrade um 10% (Kraft-Wärme-Kopplung, Wirbelschichtfeuerung etc.) – was nicht unrealistisch ist – kann zu einer Verringerung der Zusatzkosten um 2,6 Mrd. DM führen. Der fällige Abbau von Überkapazitäten würde die Zusatzkosten noch mal um 1,6 Mrd. DM senken. Mit diesen Maßnahmen würde sich eine Mehrkostenbelastung von nur noch 6,2 Mrd. DM ergeben; das sind dann noch knapp 8% Mehrkosten.

In einzelnen Branchen, die besonders stromintensiv erzeugen und wo der Anteil der Stromkosten an den Produktionskosten hoch ist (z. B. Chemie: 3,7% vom Umsatz, NE-Metalle: 6,9% vom Umsatz, Zellstoff, Papier: 6,8% vom Umsatz) würde nach Prognos eine Strompreiserhöhung von 13% bis 1995 die Endproduktpreise um den nachstehenden Prozentsatz erhöhen:

Landwirtschaft	0,7%
Stromerzeugung	16,4%
Bergbau, sonstige Energie	1,2%
Mineralölerzeugnisse	0,2%
Steine und Erden	1,2%
Eisenschaffende Industrie	1,9%
Gießereien	1,1%
NE-Metalle	2,9%
chemische Erzeugnisse	1,7%
Zellstoff, Papier, Pappe	2,7%
andere Grundstoffe	1,0%
Investitionsgüter	0,5%
Verbrauchsgüter und Nahrungsmittel	0,6%
Bauwirtschaft	0,4%
Handel	0,6%
Verkehr, Banken und Versicherungen	0,6%
andere private Dienstleistungen	0,3%
Staat, Sozialversicherung	0,5%

Quelle: Prognos, S. 86

Ob diese Kostenerhöhung der Endprodukte voll an die Verbraucher weitergegeben werden, hängt von der allgemeinen Wettbewerbssituation ab. Nur wenn dies nicht gelingt, könnte im Einzelfall auch die Wettbewerbsfähigkeit gefährdet sein. Es bleibt die Möglichkeit, so wie bisher, der strukturpolitischen Hilfe (Prognos III, S. 88).

Das *RWI* erläutert die Preiseffekte für die Aluminium-, Chemie-, Grundstoff-, Eisen- und Stahlindustrie beim Sofortausstieg (RWI, S. 73–89).

Bei einem Rückzug bis 1995 bzw. bis über 2000 ergeben sich auch nach der *RWI*-Studie weder sektoral noch gesamtwirtschaftlich nennenswerte negative Effekte (RWI, S. 108). Eine zahlenmäßige Abschätzung wurde jedoch nicht vorgenommen. Dies liegt auch daran, daß das RWI von in der Vergangenheit beobachteten Reaktionsweisen ausgeht und sie bis über das Jahr 2000 fortschreibt.

Dies wird damit begründet, daß nur geringe und wenig gesicherte Erkenntnisse über die Bestimmungsgrößen des wirtschaftlichen Strukturwandels und damit verbundener ökonomischer Reaktionsweisen vorliegen (RWI, S. 116). Diese Betrachtung läßt die Wirkungen einer neuen Energiepolitik, die zu mehr Einsparung etc. führen kann, außer Betracht; sie vernachlässigt den von Prognos angesprochenen technologischen Schub, der mit weniger Energieverbrauch verknüpft ist. So ist es nicht verwunderlich, daß das RWI bezüglich der internationalen Wettbewerbsfähigkeit der Bundesrepublik und des Investitionsverhaltens unserer Wirtschaft sich keine quantitativen Abschätzungen zutraut; diese Effekte seien nicht zu beziffern (RWI, S. 116).

Die Mehrbelastungen für den privaten Durchschnittshaushalt schätzt das ISP bei einem Sofortausstieg auf 8 DM monatlich (ISP, S. S–72).

Ziesing (DIW) schätzt die direkten Mehrbelastungen für die Privathaushalte auf 6–7 DM beim Sofortausstieg (Ziesing, DIW, S. 11).

3. Das Fazit: Der Ausstieg ist möglich und vertretbar

Die Gutachten zur Entwicklung des zukünftigen Energieverbrauchs und zu den Möglichkeiten eines geordneten Ausstiegs aus der Atomkraft gehen von teilweise sehr unterschiedlichen Voraussetzungen und Annahmen aus; sie unterscheiden sich auch in vielfältiger Weise im methodischen Vorgehen. Solche wissenschaftlichen Arbeiten können die politische Entscheidung nicht ersetzen. Aber sie können helfen, die – beabsichtigten und die unbeabsichtigten – Folgen solcher Entscheidungen klarer zu sehen und besser zu verstehen. Das ist das Verdienst der hier zitierten Gutachten und Studien.
Ich ziehe aus diesen Arbeiten das Fazit:

1. Die Entkopplung von Wirtschaftswachstum und Energieverbrauch ist im wesentlichen unumstritten.

2. Die Möglichkeiten der Stromeinsparung werden von keinem der Institute differenziert und konkret untersucht. Insofern sind die Abschätzungen zum Stromverbrauch sicherlich Obergrenzen. Ich vermute, daß beim Stromeinsparen die Potentiale zunächst ähnlich unterschätzt werden, wie in den vergangenen 10 Jahren das Energieeinsparen in Industrie und Haushalten unterschätzt wurde. Für die praktische Politik bedeutet das, daß bei Maßnahmen zur Stromeinsparung mit Ungewiß heiten gerechnet werden muß und deswegen große Aufmerksamkeit am Platze ist. Wer jedoch das Stromsparen von vornherein ablehnt, der behindert das Wachstum einer aussichtsreichen Zukunftsindustrie.

3. Trotz dieser Unsicherheiten wird die technische Möglichkeit des geordneten Ausstiegs in keinem Fall bezweifelt. Die Lichter gehen nicht aus. Die Energieversorgung wird

eben nicht unsicher. Wer so etwas behauptet, kennt die Energiewirtschaft nicht.

4. Bei einem geordneten Ausstieg kommt es zu Strompreiserhöhungen. Hinsichtlich der Produktionskosten der Wirtschaft liegen diese erhöhten Stromkosten bei wenigen Zehntel Prozent. Die direkten Mehrbelastungen für die privaten Haushalte werden von verschiedenen Studien mit 6 bis 8 DM pro Monat angegeben. Wer angesichts dieser Zahlen von »Verelendung« redet, schürt Angst statt aufzuklären.

5. Bei einem geordneten Ausstieg kommt es im Lauf der nächsten Jahre auf keinen Fall zu einer Erhöhung der Umweltbelastung durch Luftschadstoffe. In jedem Fall kommt es im Lauf der nächsten 10 Jahre zu einer drastischen Verringerung; bei Schwefeldioxid um mindestens 66%, bei Stickoxiden um mindestens 44%. Dabei wird von heutiger Technik und heutigen Gesetzen ausgegangen. Bei einer Verschärfung der Gesetze und bei Nutzung der sich abzeichnenden technologischen Innovationen können diese Werte erheblich verbessert werden. Wer in diesem Zusammenhang von einer zusätzlichen »Umwelthypothek« redet, der setzt die alte Propaganda des Atomforums an die Stelle sachgerechter Aufklärung.

6. Die Auswirkungen auf die Arbeitsplätze liegen nach Angaben der Institute bei einem geordneten Ausstieg am unteren Ende einer Skala von 30000 bis 130000 Arbeitsplätzen; dem stehen auf der Gewinnseite (neue Energietechniken, Nahwärme, Fernwärme, Feuerungstechniken, Wärmedämmung, Bergbau, Beratung etc.) selbst nach den vorsichtigsten Schätzungen eine Zahl von weit mehr als 100000 Arbeitsplätzen gegenüber. Das belegt: Es gibt keine kapitalintensivere und arbeitsplatzärmere

Energietechnik als die Atomkraft. Am Ende eines geordneten Ausstiegs wird es mehr Arbeitsplätze geben. Wer deswegen von drohender »Massenarbeitslosigkeit« spricht, täuscht die Öffentlichkeit.

7. Die gesamtwirtschaftlichen Belastungen bei einem geordneten Ausstieg liegen mit Sicherheit in einer Größenordnung unterhalb 10 Mrd. DM und können damit die Wettbewerbsfähigkeit der deutschen Wirtschaft nicht gefährden. Wer den »Lebensnerv der deutschen Wirtschaft« gefährdet sieht, hat keine Ahnung von der deutschen Wirtschaft.

Mein persönliches Fazit nach intensiver Beschäftigung mit diesen verdienstvollen Arbeiten: Der geordnete Ausstieg ist möglich und unter all diesen Aspekten auch verantwortbar.

III. Der Weg zum geordneten Ausstieg: Die Reform unseres Energiesystems

1. Maßstäbe für die Entscheidung

Grundlegende Weichenstellungen über die Zukunft der Industriegesellschaft sind unumgänglich.
Es geht um eine ökologische Erneuerung der Industriegesellschaft. Dabei spielt die Energiepolitik eine herausragende Rolle. Kein Sektor unserer Volkswirtschaft kommt ohne Energie aus. Jeder Energieverbrauch ist untrennbar mit Umweltbelastungen verknüpft.
Deshalb geht es auch um mehr als nur darum, den Strom, der bis jetzt durch Atomkraft bereitgestellt wird, in Zukunft durch Kohle, Gas oder Öl zu erzeugen. Es geht um eine grundlegende Reform des Energiesystems.
Die *erste Forderung* an eine Reform des Energiesystems:

- Energie sparen, möglichst wenig Energie verschwenden.

Die alte Wachstumspolitik fragte, wieviel Primärenergie brauchen wir. Das Entscheidende wird dabei vergessen: Der Verbrauch an Primärenergie sagt nichts darüber, wieviel Energie beim Endverbraucher ankommt. Heute gehen etwa 60–70 % der Energie durch Umwandlung verloren. Dieser Verlust an Energie ist Verschwendung. Gleichzeitig ist dieser unnötige Energieverbrauch eine der wesentlichen Ursachen für die Umweltbelastungen. Nicht der Energieverbrauch, sondern die erforderlichen Energiedienstleistungen müssen im Mittelpunkt der Energiepolitik stehen. Das ist eine der Voraussetzungen, um unnötige Verluste im Energiesystem zu überwinden.

Die *zweite Forderung* an eine Reform des Energiesystems lautet:

- die Umweltbelastungen so weit wie möglich vermeiden, mindestens abbauen.

Unser heutiger Energieverbrauch beansprucht zu 90 % die endlichen, fossilen Energien – Öl, Gas, Kohle, Holz. Daraus ergeben sich zwei Konsequenzen: Einerseits sind die fossilen Energieträger – insbesondere die Kohle – so umweltfreundlich wie möglich zu nutzen; zum anderen müssen wir alles tun, um regenerative Energiequellen – Sonne, Wind, Wasser, nachwachsende Rohstoffe – zu erschließen, d. h. unseren wissenschaftlichen und technischen Sachverstand zu mobilisieren, um ihren Einsatz zu beschleunigen. Das geht nur mit modernster Technik. Eine langfristig angelegte Reform unseres Energiesystems lebt von der Hoffnung und dem Willen zum technischen Fortschritt.

Die *dritte Forderung* an eine Reform des Energiesystems:

- die regenerativen Energiequellen zu den Hauptträgern des zukünftigen Energiesystems zu machen.

Energiepolitik ist immer langfristig. Sie muß weit über eine Legislaturperiode hinausreichen, wenn neue Möglichkeiten ins Auge gefaßt werden. Die Chancen der regenerativen Energiequellen müssen langfristig gesehen und genutzt werden. Das kommt nicht von alleine. Das muß man wollen.

Die *vierte Forderung* an eine Reform des Energiesystems lautet:

- der Nachwelt die Wahl der Lebensform zu belassen, ihre Entscheidungsfreiheit offenzuhalten und sie in ihrer Lebensweise möglichst wenig festlegen.

Die einzelnen Energieträger bringen ganz unterschiedliche Belastungen für kommende Generationen mit sich. Ich halte die tatsächlichen und die drohenden Gefahren der Atomenergie für ein qualitativ anderes, größeres Risiko als die Risiken, die mit anderen Energieträgern verknüpft sind. Ich stimme dem Sachverständigenrat für Umweltfragen zu, der in einem Sondergutachten 1981 festgestellt hat, daß bei der Kohle keine Parallele zu den möglichen großen Reaktorunfällen besteht und daraus den Schluß gezogen hat: »Das Risiko eines Unfalls von katastrophalem Ausmaß kann bei der Kernenergie aus der Gesamtbewertung nicht ausgeklammert werden.« (Sachverständigenrat Tz 154)

2. Die wichtigeste Energiequelle: Energie besser nutzen

Energiesparen bedeutet keine Einschränkung des Energieverbrauchs, mit ihr sollen keine Opfer verbunden werden. Heute – im Zeitalter großer technischer Innovationen, wie der Mikroelektronik – geht es um die intelligentere Nutzung der Energie. Schon 1981 hat der Sachverständigenrat für Umweltfragen festgestellt, daß die vorteilhafteste Strategie zur Lösung der gegenwärtigen energiepolitischen Probleme eine effizientere Energienutzung und Energieeinsparung ist (Sachverständigenrat Tz 341).
Die Ausgangslage zeigt eine Tabelle über die Entwicklung des Endenergiebedarfs in der Bundesrepublik.

Endenergiebedarf der Bundesrepublik in Mio. t SKE

	1976		1980		1983	
	Mio. t SKE	%	Mio. t SKE	%	Mio. t SKE	%
Raumheizung	92	37	85	34	84	35
Prozeßwärme	87	35	85	34	74,5	31
Verkehr	48	19	56	22	56	23
Licht und Kraft (ohne Verkehr)	23	9	25	10	26	11
Gesamt	250	100	251	100	240,5	100

Quelle: Schäfer S. 336

1985 ist der Endenergieverbrauch gegenüber 1983 um 17 Mio. t SKE gestiegen. Der gesamte Verbrauch an Endenergie in den letzten 10 Jahren ist also leicht gestiegen. Insbesondere gibt es zwischen den einzelnen Bereichen Verschiebungen. Der Löwenanteil – rund zwei Drittel – wird für Wärme (Prozeßwärme und Raumheizung) verbraucht.

Man muß auch wissen, daß in den letzten Jahren der Anteil des industriellen Endenergieverbrauchs zurückgegangen ist, während Haushalt, Kleinverbrauch und Verkehr zugelegt haben. Der Stromverbrauch wächst gegenüber dem Verbrauch von Öl, Gas und Kohle wegen höherer Mechanisierung und Automatisierung, aber auch wegen des höheren Komforts im Haushalt. Hier liegen die Ansatzpunkte, um mit neuen Technologien die Energie besser zu nutzen.

Eine Technologie ist heute in aller Munde: *die Mikroelektronik*; sie ist für das Energiesparen von großer Bedeutung. Eine sehr umfassende Studie zum Einsparpotential durch Mikroelektronik, die die Fraunhofer Gesellschaft 1981 vorgelegt hat, schätzte das Potential auf insgesamt 10% des gesamten Energiebedarfs (FhG – 1981, S. 18).

Hinter diesem ungeheuren technischen Potential steckt eine gewaltige Möglichkeit des Umbaus unseres Energiesystems. Solch ein Strukturwandel schafft eine große Nachfrage in der Elektroindustrie, beim Installationsgewerbe und im Handwerk.

In der *Raumwärme* liegen die größten Einsparpotentiale. Experten schätzen hier 50%, die durch bessere Wärmedämmung und Isolierung, neue Verbrennungstechniken der Öfen, durch Wärmepumpen – durch neue passive Sonnenenergienutzung mittels baulicher Gestaltung bei Wänden und Fenstern erreichbar sind. Offen ist, in welcher Zeit wir eine solche Verbrauchsminderung schaffen können und was dies kostet.

Da sich derartige Investitionen, insbesondere für die privaten Haushalte, erst über mehrere Jahre hinweg bezahlt machen, ist es nötig, die Anreize des Staates hierfür zu erweitern, die steuerlichen Abschreibungsmöglichkeiten darauf auszurichten.

Die Prozeßwärme, die in der Industrie gebraucht wird, liegt im Temperaturbereich zwischen 100° und 2000°. Hier müssen völlig neue technische Verfahren entwickelt werden, um die Energieausnutzung zu verbessern. Das ist eine große technologische Herausforderung. Aber auch hier wird insgesamt ein technisch realisierbares Einsparpotential von 8 % bis zum Jahr 2000 angenommen (Öko-Institut, S. 121).

Zwei Drittel des industriellen Endenergieverbrauchs geht in die Prozeßwärmeerzeugung. Ein großer Teil der industriellen Produktion, die über Wärme- und Dampferzeugung ablaufen, wird in Zukunft mit Elektrizität bewältigt. Dieser Umstellungsprozeß findet in der Breite der Industriestruktur statt. Dieses ist einer der Hauptgründe, warum der Stromverbrauch immer noch steigt. Die modernen elektrischen oder elektronischen Produktions- und Prozeßverfahren verbrauchen aber immer weniger Strom. Je nach dem Tempo der Modernisierung unserer Volkswirtschaft wird sich auch der Anteil der Prozeßwärme verringern lassen.

Die Wärmekraftkopplung, das heißt die gekoppelte Erzeugung von elektrischer Energie und Wärme, ist eine besonders sinnvolle Art der Energieausnutzung. Bei der Stromerzeugung ohne Nutzung der Abwärme liegt die Energieausnutzung bei 30 bis 35 %. Bei einer Nutzung der Abwärme erreichen moderne Kraftwerke bis zu 80 % Energieausnutzung. Das ist ein gewaltiger Unterschied.

Beim industriellen System erzeugen die Unternehmer den Dampf – die Prozeßwärme – selbst, um ihn für ihre Produktion im Hochtemperaturbereich bis 2000° einzusetzen. Sie könnten ohne technische Schwierigkeiten einen Teil der Dampferzeugung im unteren Temperaturbereich für den Betrieb von Turbinen zur Stromerzeugung verwenden.

Bei beiden Verfahren – bei Kraftwerken und bei Industrieanlagen – lassen sich die Wirkungsgrade erheblich erhöhen. Mit den stromproduzierenden Kraftwerken läßt sich Nah- und Fernwärme erzeugen und somit Öl, Gas und Kohle, die für Heizung und warmes Wasser verfeuert werden, ersetzen. In den Industrieanlagen läßt sich zusätzlich Strom erzeugen – und ebenfalls Kohle, Öl, Gas, aber auch Atomenergie ersetzen. Hier liegt nach neuesten Schätzungen (Öko-Institut, S. 137) ein Stromeinsparpotential von 10000 Megawatt brach.
Der Anteil der Stromerzeugung mit Kraft-Wärme-Kopplungs-Anlagen liegt heute bei rd. 11 % und der Anteil der Fernwärme bei der Deckung des Raumwärmebedarfs erst bei nur 6,5 %; während zum Beispiel Dänemark 31 % und Finnland 23 % Fernwärmeanteil haben.
Der Grund für diese Entwicklung liegt an unserer Energieversorgungsstruktur. Wir haben heute in der Bundesrepublik 8 große sogenannte Verbundunternehmen.
1974 machte »die nutzbare Abgabe der Verbund-AG rund 80 % der gesamten verteilten Elektrizitätsmenge der öffentlichen Versorgung aus« (Monopolkommission, S. 193).
Heute verkaufen die Verbundunternehmen wahrscheinlich 85 % oder gar 90 % des erzeugten Stroms. Es ist jedem Laien sofort klar, daß diese Gruppierung, deren Geschäftszweck es ist, soviel Strom wie möglich zu verkaufen, kein wesentliches Interesse an Energie- und Stromsparmaßnahmen hat. Durch die Tarifgestaltung der Strompreise reizen sie die Verbraucher geradezu an, viel Strom zu verbrauchen. Sparen wird bestraft. Techniken wie die Wärme-Kraft-Kopplung werden im Markt behindert.
Das Energiewirtschaftsgesetz aus dem Jahre 1935 ist die »Magna Charta« dieser Stromkonzerne. Die betriebswirtschaftliche Optimierung hat sich bei den großen Verbundunternehmen durchgesetzt. Die volkswirtschaftlichen und ökologischen Verluste trägt die Allgemeinheit.

Für den industriellen Erzeuger lohnt sich die Investition oft nicht, weil er den Strom, den er als Abfallprodukt miterzeugt, entweder nicht ins Stromnetz »einspeisen« kann oder nur lächerliche Preise bekommt, die weit unter den von den Elektrizitätsversorgungsunternehmen verlangten Strompreise liegen, und zwar 2 bis 5 Pf/kW für den eingespeisten Strom – gegenüber 16–23 Pf/kW für den bezogenen Strom. In der Vergangenheit haben die großen Verbundunternehmen sogar mit Sonderpreisen, die weit unter den normalen Tarifen liegen, den Bau von dezentralen Heizkraftwerken verhindert, weil sie nur am Verkauf von Strom, aber nicht an einer rationellen Energieverwendung interessiert sind.
Hier müssen die Gesetze, in erster Linie das Energiewirtschaftsgesetz, das Kartellrecht und die Bundestarifordnung Elektrizität völlig neu gestaltet werden. Ich halte die Einführung einer Abwärmeabgabe für vernünftig. Das würde das wirtschaftliche Interesse der Stromerzeuger an der Abwärmenutzung schlagartig verändern. Es wäre ein Beispiel für eine marktwirtschaftliche Umweltpolitik, die ökologische Notwendigkeiten in ökonomische Motivation umsetzt. Der weitere Aufbau von Fernwärmenetzen, insbesondere in verdichteten Gebieten und Großstädten, muß gefördert werden. Wir müssen die Gemeinden unterstützen, die – wie z. B. die Stadt Saarbrücken – sich für Heizkraftwerke und Fernwärme engagieren; auch die Nahwärme für ganze Wohngebiete und Stadtteile oder kleine Städte mit Blockheizkraftwerken kann ausgebaut werden. Die Gemeinden müssen wieder zu einem maßgebenden Träger der Energiepolitik werden.
Im *Verkehr* steigt der Energieverbrauch seit Jahren. Zweifellos hat sich die Automobilindustrie seit 1973 einiges einfallen lassen, um den Energieverbrauch des Autos zu mindern: Verringerung des Luftwiderstandes, Serieneinbau von vollelektronischen Zündanlagen, Verbesserungen der Gemischaufbereitung, Abgas-Turboaufladung, Reduzie-

rung des Fahrzeuggewichts, Grundausstattung mit Fünfganggetriebe, Motorabschaltung im Leerlauf – um einige Beispiele zu nennen. Aber das hat nicht viel geholfen. Die tatsächliche Entwicklung ist unbefriedigend:

- Der im Straßenverkehr verbrauchte Vergasertreibstoff stieg von 1973 bis 1984 von 18 Millionen Tonnen auf 23 Millionen Tonnen an.

- Auch der Verbrauch je 100 km blieb seit 1973 praktisch konstant. 1973 brauchte ein Auto 10,7 l Benzin, 1984 waren es 10,9 l.

Die Erklärung ist einfach: Heute fahren viel mehr leistungsstärkere Autos auf den Straßen als Anfang der 70er Jahre. Überdies wird schneller gefahren als damals. Oder anders ausgedrückt: Mit den knapp 11 l Durchschnittsverbrauch auf 100 km wird heute ein stärkerer Motor schneller bewegt als 1973. Gleichzeitig sind die Fahrleistungen je Auto gestiegen.
Auch beim Güterfernverkehr ist die Energiesparbilanz unbefriedigend. Der Straßengüterfernverkehr nahm von 1973 bis heute um über 40 % zu. Der Dieselverbrauch stieg im gleichen Zeitraum von 7,3 Millionen Tonnen auf 11,1 Millionen Tonnen jährlich an. Folgt man den Prognosen der Bundesregierung zur weiteren Entwicklung des Straßengüterfernverkehrs, so entdeckt man vom Energiesparen keine Spur: für das Jahr 2000 wird nochmals von einer Steigerung von 15–35 % des Straßengüterverkehrs im Gesetz über den Ausbau der Bundesfernstraßen von 1985 ausgegangen. Entsprechend muß der zukünftige Energieverbrauch des Güterfernverkehrs eingeschätzt werden.
Es gibt also keinen Grund anzunehmen, beim Energiesparen im Verkehr sei schon das Ende der Fahnenstange erreicht. Realistisch muß man wohl allerdings die Möglich-

keiten einschätzen, über rein technische Maßnahmen an Automobilen den volkswirtschaftlichen Gesamtenergieaufwand des Verkehrsbereichs drosseln zu können. Zukünftige Energieeinsparungen im Straßenverkehr werden deshalb wohl eher in der Dämpfung von Verkehrsvolumen und Geschwindigkeit bestehen müssen.

- Ein Tempolimit auf Bundesautobahnen und auf Landstraßen bringt ein erhebliches Energiesparpotential. Das Umweltbundesamt schätzte 1984 die Energiesparmöglichkeiten durch Tempo 100 km/h auf Bundesautobahnen auf bis zu 19%, die Sparmöglichkeiten durch Tempo 80 km/h auf Landstraßen auf bis zu 6% des Energieverbrauchs.

- Die Verlagerung des Güterfernverkehrs von der Straße auf die Schiene steckt leider immer noch erst in den Anfängen. Der kombinierte Verkehr (Container, Huckepack und rollende Landstraße) wird noch viel zuwenig genutzt.

- Jede Verlagerung des Personennahverkehrs vom individuellen Verkehrsmittel auf öffentliche Verkehrsmittel bedeutet Energieeinsparung. Bisher gibt es einige regionale Erfolge. Aber das reicht nicht aus.

Die Möglichkeiten der Stromeinsparung

Stromsparen war bisher kein öffentliches Thema. Jetzt ist es ein wesentlicher Bestandteil einer neuen Energiepolitik. Heute wird zuviel Strom angeboten. Die Elektrizitätswirtschaft sitzt auf Stromhalden, weil sie allzusehr auf die hohen Energieprognosen der 80er Jahre gesetzt hat. Tabelle auf S. 94 zeigt die Entwicklung.
Selbst nach der von der Elektrizitätswirtschaft für notwendig gehaltenen Reserven von 25% bestehen heute Überka-

Jahr	Kraftwerksleistung in Megawatt	Höchstlast in Megawatt	Überkapazitäten in % a)	b)	c)
1973	62050	39586	31	23	20
1976	81726	46108	39	32	29
1980	87257	51670	36	29	26
1982	90593	53168	37	30	27
1985	98238	58800	35	26	21

Anmerkungen bzgl. Überkapazität
a) bei 8% Reserve (mit Wirkung des Verbundnetzes)
b) bei 20% Reserve, nach Angabe des Bundeswirtschaftsministers
c) bei 25% Reserve, nach Angaben von Elektrizitätswirtschaft notwendig
Quelle: Öko-Institut S. 167

pazitäten von fast 15000 Megawatt = 21 %. Wir haben die höchsten Überkapazitäten in der ganzen Welt. Wir alle bezahlen also in unseren Strompreisen Fehlinvestitionen für diese Überkapazitäten; diese Fehlinvestionen liegen in einer Größenordnung von 10–20 Mrd. DM. Es liegt auf der Hand, daß in dieser Situation die Stromhersteller alles versuchen werden, um das Einsparen von Strom zu verhindern. Im Gegenteil: Es ist ihr Interesse, soviel Strom wie irgend möglich zu verkaufen. Leider lassen sich einige Arbeitnehmer aus den großen Verbundunternehmen vor den Karren dieser verheerenden Energiepolitik spannen.

Möglichkeiten der Stromeinsparung im Haushalt

Die privaten Haushalte verbrauchen etwa 100 Mrd. Kilowattstunden des gesamten Stromverbrauchs, das sind 27 %. Im Jahr 1973 lag der Anteil noch bei 22 %. Durch technische Verbesserungen bzw. durch den Ersatz von Geräten und Systemen (Kühlschränke, Waschmaschinen, Warmwasserbereitung etc.) könnten bis zu 45 % Strom gespart werden – ohne Komfortverluste; durch bewußteres Verhalten der Verbraucher noch einmal 13 %. Bei einer mittleren Lebensdauer dieser Geräte von 10 Jahren läßt sich der größere Teil dieses Einsparpotentials bis zum Jahr 2000 erreichen.

Möglichkeiten der Stromeinsparung in Industrie und Gewerbe

Industrie und Gewerbe verbrauchen etwa 200 Mrd. Kilowattstunden, das sind über 50%. Das technisch mögliche Potential im Stromeinsparen wird vom Öko-Institut auf rund 50 Mrd. Kilowattstunden geschätzt (Öko-Institut, S. 121). Diese Schätzung ist wahrscheinlich zu hoch gegriffen. Neue Steuerungs- und Regeltechniken, stromsparende Produktionsverfahren könnten in den nächsten 10 Jahren zu einer Stromeinsparung von 3 bis 8% führen. Schon eine Änderung der Stromtarifstruktur, die nicht mehr – wie heute noch – den höchsten Verbrauch, sondern das Stromsparen begünstigt, gäbe Anreize zum Einsparen von Strom.

Möglichkeiten der Stromeinsparung im Verkehr

Das Einsparpotential beim Verkehr ist wesentlich beschränkter; die Bundesbahn, die den meisten Strom abnimmt, hat zwischen 1955 und 1982 trotz erhöhter Fahrleistung den Endenergieverbrauch auf weniger als ein Fünftel gesenkt. Da gerade erst in den letzten Jahren der Lokomotivenpark modernisiert worden ist, wird in den nächsten Jahren eine weitere Verringerung des Stromverbrauchs kaum möglich sein.

3. Saubere Kohle hat Zukunft

Braun- und Steinkohle sind die einzigen heimischen Energieträger, die wir noch lange Zeit zur Verfügung haben. Ihr wirtschaftlich nutzbarer Energieinhalt liegt jeweils bei ca. 10 Mrd. Tonnen. Die Kohle trug 1985 zu rund 30% zur Primärenergieversorgung und zu rund 52% zur Stromerzeugung bei. Es steht außer Frage, daß die Bundesrepublik

Deutschland bis zum Jahr 2000 ihre Energieversorgung – neben dem Öl – auf Kohle stützen wird – übrigens unabhängig davon, ob wir auf Atomkraft verzichten oder nicht. Wir haben heute rund 34000 Megawatt Steinkohlekraftwerke und 13600 Megawatt Braunkohlekraftwerke am Netz.
Von 1975 bis 1984 ist die Stromerzeugung mit Steinkohle gestiegen; 1985 jedoch um 4 Mrd. Kilowatt gesunken; bei der Braunkohle ist es ähnlich: Sie ging von 1984 bis 1985 um rund 7 Mrd. Kilowatt zurück; beides war bedingt durch den Zuwachs an Atomkraft. Kohle und Kernenergie – diese alte Formel stimmt nicht mehr. Die Entwicklung auf dem Energiemarkt führt zur stetigen Verdrängung der Kohle durch Atomkraft.
Auch bei der Kohlekraftwirtschaft müssen wir die Wirkungsgrade verbessern. Dazu bietet sich die Wärme-Kraft-Kopplung an. Mit der Wirbelschichtfeuerung können die Wirkungsgrade gegenüber älteren Verbrennungstechniken erheblich verbessert werden.
Es stehen heute Technologien zur Verfügung, um die Umweltbelastungen der Kohlefeuerung drastisch zu senken. Nur saubere Kohle hat Zukunft. Kohle muß wieder stärker im Wärmemarkt genutzt werden, vor allem durch den Ausbau der Fernwärme und Nahwärme. Nur dann läßt sich die Kohlevorrangpolitik beibehalten, d. h. die vorgesehenen 45 Mio. t Steinkohle jährlich zur Stromerzeugung einzusetzen. Dementsprechend muß der Jahrhundertvertrag, der diese Regelung bis 1995 festgeschrieben hat, über das Jahr 2000 verlängert werden. Damit bewahren wir uns in der Energieversorgung ein Stück eigene Versorgungssicherheit und Unabhängigkeit. Dies war immer das Motiv, die wesentlich billigere Importkohle zu beschränken. Nach meiner Schätzung werden wir bei einem geordneten Ausstieg aus der Atomkraft den Kohleeinsatz insgesamt nicht wesentlich ausweiten müssen. Wir werden nur zu einem ganz geringen Teil zusätzlich Importkohle benötigen und

damit nicht – wie von Befürwortern der Atomkraft immer behauptet – anderen Ländern, insbesondere Entwicklungsländern, diese fossile Energie entziehen.

4. Umwelt schonen – Neue Technologien nutzen

Die umweltfreundlichste Energie ist diejenige, die durch Erhöhung des Wirkungsgrades erreicht wird, also eingespart wird. Energiesparen ist für eine umweltfreundliche Energieversorgung die Priorität Nummer eins. Auf der anderen Seite müssen alle Maßnahmen der Emissionsminderung im Kraftwerksbereich und der Industrie eingesetzt werden, um den Schadstoffausstoß so gering wie möglich zu halten. Das gilt vor allem für Schwefeldioxid und für Stickoxide.
Beim Schwefeldioxid schreibt die Großfeuerungsanlagenverordnung ab 1988 einen Grenzwert von 400 mg/m^3 in der Abluft für Anlagen ab 300 Megawatt vor.
Dieser Wert wird durch die freiwilligen Emissionsminderungspläne heute schon unterschritten und führt dazu, daß bis Mitte der 90er Jahre über 80 % der Schadstoffe an SO_2 zurückgehalten werden.
Die technische Entwicklung bei der Rauchgasentschwefelung ist rasant. Ging die Großfeuerungsanlagenverordnung noch von 400 mg/m^3 aus, so werden heute schon Anlagen angeboten, die nur 40 bis 50 mg/m^3 SO_2 ausstoßen. Im Laufe der nächsten Jahre ist mit weiteren technischen Durchbrüchen zu rechnen. Die Großfeuerungsanlagenverordnung muß beim geordneten Ausstieg verschärft werden. Als Zielmarke sind ab dem Jahre 1995 50 mg/m^3 aus heutiger Sicht möglich.
Die neue »Technische Anleitung Luft«, die für kleinere Anlagen gilt, führt beim SO_2 bis 1994 nur zu Verbesserungen von bis zu 40 % bezogen auf 1986. Hier ist noch ein

größerer Spielraum für den verstärkten Einsatz von neuen Umwelttechniken vorhanden. Der muß im nächsten Jahrzehnt ausgeschöpft werden.

Beim *Stickoxid* ist der Stand der großtechnischen Entstikkung in der Bundesrepublik differenziert zu beurteilen. Der von den Umweltministern in Bund und Ländern festgelegte Grenzwert von 200 mg/m^3 NO_x in der Abluft wird Ende der 80er Jahre Stand der Technik sein. Heute gibt es in einzelnen Fällen noch ungelöste Probleme. Das ist abhängig von der Feuerungsart und der Art der Kohle. Für Anlagen unter 300 Megawatt sind heute schon Techniken in der Erprobung, die erwarten lassen, daß der Entwicklungsstand Mitte bis Ende der 90er Jahre einen Grenzwert von 100 mg/m^3 NO_x in der Abluft ermöglichen.

Insgesamt kann nicht bezweifelt werden, daß das technische Potential der Entstickung und Entschwefelung noch lange nicht ausgeschöpft ist. Technologische Fortschritte zeichnen sich ab.

Die zusätzlichen Kosten ab 1995 für verschärfte Grenzwerte im Bereich von SO_2 und NO_x dürften zwischen 15 bis 20 Mrd. DM in heutigen Preisen für die gesamte Elektrizitätswirtschaft liegen. Die Annahmen der im Kapitel II dargestellten Studien gehen nicht von dieser technologischen Dynamik aus. Trotzdem kommen schon diese Studien zu dem Ergebnis, daß es bei einem geordneten Ausstieg zu keinem Zeitpunkt zu einer Erhöhung der Schadstoffbelastungen gegenüber dem jetzigen Stand kommen wird. Im Gegenteil: Die Schadstoffe werden im Laufe der nächsten Jahre auf jeden Fall um mehr als die Hälfte verringert werden.

Was bleibt, ist das *CO_2-Problem*: Das Problem der möglichen Aufheizung des Klimas durch Kohlendioxid. Dieses Problem darf auf keinen Fall verharmlost werden. Ich nehme das sehr ernst.

Dieser sogenannte Treibhauseffekt hat viele Ursachen:

Neben dem CO_2, das durch Verbrennung durch Kohle, Öl und Gas entsteht, und das sind weltweit fast 90% des gesamten Energieverbrauchs, gelten auch Chlor-Fluor-Kohlenwasserstoffe (z. B. in Spraydosen) als Verursacher. Es wird behauptet, der Klimaeffekt eines Chlor-Fluor-Kohlenwasserstoff-Moleküls (CFK) sei 10000mal größer als der von CO_2. Es wird geschätzt, daß die CFK-Treibgase einen Anteil am Treibhauseffekt von 50% haben.
Wer den Treibhauseffekt wirklich ernst nimmt,

- der muß die rationelle Energieverwendung zur Priorität Nummer eins erklären, weil damit die CO_2-Produktion weltweit verringert werden kann;

- der muß daran arbeiten, das Brandroden von tropischen Wäldern zu stoppen, weil dieser riesige CO_2-Schub in den letzten Jahren immer mehr angeschwollen ist;

- der muß – so wie die USA und Schweden – die gefährlichen Treibgase verbieten.

5. Vorsorge für morgen – Das Solarzeitalter beginnt

Nach der rasanten Entwicklung in der Mikroelektronik, die auch die Grundlage für die Solartechnologien ist, verdichtet sich der Eindruck: Die Solarenergie könnte zum Hauptträger der Energieversorgung der Zukunft werden. In einer Einleitung zu einer umfangreichen Studie von Klaus Michael Meyer-Abich und Bertram Schefold zu den »Grenzen der Atomwirtschaft« schreibt Carl Friedrich von Weizsäcker unter Hinweis auf die Entwicklung der Technik der Solarenergie: »Unter dieser Voraussetzung trete ich nunmehr entschieden für die Solarenergie als hauptsächliche Energiequelle, unterstützt durch technisch ermöglichte Energieein-

sparung, und gegen die Entscheidung für Kernenergie als Hauptenergiequelle ein.« (Meyer-Abich/Schefold, S. 15)
Umstritten ist heute nur: wann wieviel Sonnenenergie in welcher Form zur Verfügung steht. 1978 gab es in Amerika zwei extrem unterschiedliche Bewertungen: Die Veranstalter des International Sun Day glaubten im Jahr 2000 könnten in den USA 40 % des Energiebedarfs gedeckt werden, wenn jetzt drastische Maßnahmen ergriffen würden. Die Zeitschrift World Oil verglich die Wirkung »mit einem Mückenstich auf einem Elefantenhintern«. (Harvard Business School, S. 259)
Bisher hat die Sonnenenergie keine einflußreiche, energiewirtschaftliche Lobby, es gibt niemanden, der sie zugleich erzeugt, verteilt und verkauft. Auch die Sonnenenergie muß sich gegen die etablierten Interessen der Energiewirtschaft – weltweit übrigens – erst einmal durchsetzen. Das wird nur dann gelingen, wenn es dabei ganz neue Formen der internationalen Kooperation gibt.
Die Studie von DIW/FhG-ISI schätzte 1984 in einer eher konventionellen Betrachtung unter der Bedingung, daß nur dasjenige technische Potential genutzt wird, das heute konkurrenzfähig gegenüber konventionellen Energietechniken ist, und daß bis zum Jahr 2000 keine technologischen und fertigungstechnischen Entwicklungssprünge eintreten, den Anteil aller regenerativer Energiequellen auf 45 Mio. SKE bis zum Jahr 2000.
Bei einer Unterscheidung zwischen Wärme- und Stromanteil an den 45 Mio. SKE regenerativer Energiequellen bis 2000 ergeben sich nach obiger Studie (DIW/FhG-ISI, S. 11) folgende Anteile:
Wärme
3,0 Mio. t SKE durch Solarenergie,
8,2 Mio. t SKE durch Wärmepumpen.
Diese 11,2 Mio. t wären rund 7 % des heutigen Wärmebedarfs.

Strom
12,0 Mio. t SKE durch Windenergie,
10,1 Mio. t SKE durch Wasserkraft,
10,6 Mio. t SKE durch Biomasse/Müll.

Auch hier lassen sich die Anteile erheblich steigern, wenn wir alle rechtlichen Hemmnisse, z. B. bei der Elektrizitätseinsparung und -verteilung beseitigen, wenn wir steuerliche Anreize erhöhen, um die Solarenergie für Heizungs- und Warmwasseranlagen für die privaten Häuser, aber auch für Büros auszubauen.
Wir müssen auch weiterhin erhebliche Finanzmittel in die Entwicklung der Photovoltaik – der Direktumwandlung von Sonne in Strom – stecken.
Die öffentliche Förderung lag 1985 bei nur 53 Mio. DM, während für die Atomenergieforschung immer noch rund 1,6 Mrd. DM ausgegeben wurden.
Japan gab dagegen bereits 1984 etwas über 100 Mio. DM aus, die USA etwa 150 Mio. DM. Heute kostet eine Photovoltaikscheibe noch insgesamt 10 DM/pro Watt. In den nächsten fünf Jahren wird eine Verringerung auf 6 DM/pro Watt erwartet. Das ist noch lange nicht das Ende der Entwicklung. Weitere Verbesserungen der Leistungsgrade und Kostendegressionen lassen sich erreichen, wenn die Weltnachfrage nach Solarzellen steigt. Es hängt wesentlich von der Art der internationalen Kooperation ab, ob die technischen Möglichkeiten, die in der Photovoltaik stecken, auch industriell genutzt werden. Die Zukunft der Solarenergie hängt nicht so sehr von der Forschungsförderung ab; es kommt dabei vielmehr auf den Schritt zur großtechnischen Serienproduktion an. Die Technik der Solarenergie muß aus den Labors der Tüftler und Bastler in industrielle Fertigungsstätten gebracht werden. Vor dem Jahr 2000 wird der Anteil noch klein sein. Aber das sagt nichts über die langfristigen Entwicklungschancen. Die Erzeugung von Strom durch die

Photovoltaik ist sauber und umweltfreundlich, die chemischen Umwandlungsprozesse für eine Solar-/Wasserstoff-Strategie sind schon heute gut beherrschbar.
Statt weiter mit Milliarden-Aufwand den Weg in das atomare Risiko zu gehen, sollten wir lieber unser Geld in die Entwicklung dieser Technik stecken.

6. Arbeit und Umwelt sichern

Die Gutachten von RWI und Prognos hatten bei geordnetem Ausstieg einen Verlust von 30000 bis 60000 Arbeitsplätzen in der gesamten Volkswirtschaft angenommen. Dabei wurde nicht berücksichtigt, ob durch neue Energietechniken auf anderen Gebieten als der Atomkraft zusätzliche Arbeitsplätze entstehen. 1985 waren in der gesamten Energiewirtschaft etwa eine halbe Million Menschen beschäftigt.
Niemand kann bestreiten, daß es keine andere Energietechnik gibt, die so kapitalintensiv und arbeitsplatzarm ist wie die Atomkraft.
Im industriellen Durchschnitt kostet ein Arbeitsplatz 200000 DM; in der Bauphase eines Atomkraftwerkes jedoch zwischen zwei und drei Millionen; beim Bau der Wiederaufarbeitung sogar etwa 7 Millionen DM.
Jede Investition in Wärme-Kraft-Kopplung, Fernwärme, Wärmedämmung und Isolation von Häusern, in Kohletechnik, in allgemeines Energie- und Stromsparen schafft mehr Arbeitsplätze als Atomkraftinvestitionen. Der Saldo ist immer in ganz erheblichem Umfang positiv.
Eine US-Studie (L. S. Rodberg) schätzte für die USA 1979 einen Netto-Beschäftigungseffekt von 2,9 Mio. Arbeitsplätzen bei einer Energiepolitik, die bis 1990 15 % Primärenergie und 29 % Strom eingespart bzw. durch regenerative Energiequellen ersetzt. Die Bundesanstalt für Arbeit hat

bereits 1984 den Zuwachs an Arbeitsplätzen allein durch Energiesparmaßnahmen auf 200000–400000 Beschäftigte geschätzt. Das ist sicher eine sehr optimistische Schätzung.
Für die Bundesrepublik liegen verschiedene Schätzungen aus den letzten drei Jahren vor, z. B. wird ein Zuwachs an Arbeitsplätzen

- beim Ausbau der Wärmekraftkopplung und der Fernwärme von 100000–200000 – je nach Investitionsumfang angenommen (zwischen 40 und 80 Mrd. DM in den nächsten 15 Jahren),

- bei der Optimierung der Wärme- und Stromversorgung in privaten Haushalten von 150000–200000,

- beim Ausbau der Windenergie von 50000.

Allein ein aus Gründen der Verbesserung des Energiedurchsatzes sinnvoller Ausbau der Wärme-Kraft-Kopplung schafft weit mehr Arbeitsplätze, als in der Atomwirtschaft verlorengehen. Wenn man diesen Strukturwandel über mehrere Jahre streckt, dann läßt sich dieser Prozeß sozial verträglich steuern, und am Ende wird es mehr Arbeitsplätze geben als bei einem Festhalten in der Atomkraft.
Die neue Energiepolitik würde zudem Arbeitsplätze in der ganzen Breite der Wirtschaft für lange Zeit schaffen: beim Anlagenbau, im Bergbau, in der Elektroindustrie, in der Bauwirtschaft, im Handwerk, bei Installationsfirmen, bei Energieberatung und in Forschung und Entwicklung.

7. Energiebilanz bei einem geordneten Ausstieg aus der Atomkraft

Es sind heute 41 Mio. t SKE Atomstrom zu ersetzen. Das oben beschriebene Potential an Energie- und Stromeinsparung, besserer Energieausnutzung und an regenerativen Energiequellen bewirkt, daß bis zum Jahr 2000 rund 30 Mio. t SKE jährlich – verteilt über den gesamten Zeitraum – eingespart werden können – und dies bei konservativen Grundannahmen. An fossilen Energieträgern, die Atomstrom ersetzen können, stehen zwischen 11–25 Mio. t SKE zur Verfügung. Hiervon wird die Kohle etwa ⅔ übernehmen, d.h. zwischen 7 und 16 Mio. t SKE. In diesem Fall müßte das Kontingent an Importkohle überhaupt nicht erhöht werden. Aber selbst dann, wenn das Sparziel nicht ganz erreicht wird, ergibt sich dadurch eine Reserve, da das Importkohlen-Kontingent heute gar nicht voll ausgenutzt wird. Sollte trotz alledem eine Erhöhung erforderlich sein, ist deren Bedeutung für den Weltkohlehandel von ganz geringer Bedeutung.

Die von der SPD beabsichtigte Wende in der Energiepolitik bewirkt wegen ihrer Zeitkomponente nicht nur einen geordneten Ausstieg aus der Atomkraft, sondern auch einen geordneten Strukturwandel in der Energieversorgung insgesamt – anders als das Konzept zum Sofortausstieg.

8. Internationale Entwicklung – Politik der guten Nachbarschaft

Die Anhänger der Atomkraft geben drei internationale Gründe für ihre Position an:

- die anderen Industriestaaten halten an der Atomenergie fest,

- die Atomindustrie ist ein wichtiger Exportfaktor,

- der Verzicht auf Atomkraft ist ein Abschied der Bundesrepublik als Hochtechnologieland.

Alle drei Behauptungen sind falsch.
In den anderen Industrieländern ist das Bild keineswegs so einheitlich, wie behauptet wird:

- Eine Reihe von Ländern nutzt die Atomkraft überhaupt nicht; beispielsweise Norwegen, Österreich, Dänemark, Portugal, Griechenland, Irland und Australien.

- Einige Länder wollen aus der Atomkraft aussteigen; beispielsweise Schweden und Finnland.

- Einige Länder wollen ihren Anteil – entgegen ursprünglichen Planungen – nicht weiter erhöhen; beispielsweise Niederlande, Jugoslawien und Italien.

- In einigen Ländern ist der Ausbau fast zum völligen Stillstand gekommen; beispielsweise in den USA.

- In einigen Ländern gibt es erstaunliche Veränderungen der öffentlichen Diskussion; beispielsweise fordern die britischen Gewerkschaften ein Moratorium und haben auf dem letzten Gewerkschaftstag nur mit einer hauchdünnen Mehrheit den Ausstieg abgelehnt. Auch aus der DDR, Polen und Ungarn ist zu hören, daß man die Atomenergieprogramme überdenkt. Von forciertem Ausbau der Atomkraft ist hier schon lange keine Rede mehr.

- Im Europäischen Parlament haben die französischen Sozialisten einer Entschließung zugestimmt, daß keine neuen Betriebsgenehmigungen für Atomkraftwerke mehr erteilt werden sollen.

Die Bedeutung der Atomindustrie als Exportfaktor wird in der öffentlichen Diskussion maßlos überschätzt. Auch hier gilt: Die vor einigen Jahren gehegten Erwartungen haben sich nicht erfüllt. Kann der Zusammenbruch des Atomgeschäfts mit dem Iran noch mit Umsturz und Krieg im Iran erklärt werden, so zeigt das Fiasko des deutschen Atomgeschäfts mit Brasilien, daß die alten Erwartungen falsch waren. Die internationale Atomenergiekonjunktur ist längst zusammengebrochen. Dort liegt keine industrielle Zukunft. Die Entwicklung geht in eine andere Richtung. In dem Maße, in dem sich dieser Trend international weiter fortsetzt – und das ist deutlich zu erkennen (Frankreich und einige kommunistische Staaten bilden die Ausnahme) –, in dem Maße wird derjenige auf den Weltmärkten Erfolg haben, der in der Energietechnik neue und erprobte Verfahren und Anlagen im nichtatomaren Bereich anbietet. Hier liegt unsere industrielle Zukunft.
Dabei war es schon in der Vergangenheit so, daß die Atomwirtschaft in keinem Jahr per saldo im Außenhandel einen Überschuß erwirtschaftet hat; die Einfuhren für Uran und andere Güter und Dienstleistungen der Atomkraft waren höher.
Im Außenhandel leben wir von der Chemie, dem Automobilbau, dem Maschinenbau, der Elektrotechnik, um die wichtigsten Sektoren zu nennen.
Vergleichen wir unsere Position mit Japan. Dort gibt es eine Atomindustrie, die mit US-Know-how den Eigenbedarf deckt, mehr nicht. Aber Japan ist Weltspitze in der Mikroelektronik, bei Halbleitern, bei Computern, bei Robotern, in der Unterhaltungselektronik, in der Telekommunikation und bei Glasfasern für Telefonnetze.
In den 60er Jahren, als wir noch Atomträume hatten,

begannen die Japaner bereits, die Grundlage für ihre heutigen Exporterfolge zu legen. Die *Mikroelektronik* wurde zum wichtigsten Baustein der modernen Industrie, und zwar für alle Branchen, und nicht die Atomkraft. Nicht die Atomphysiker bekamen öffentliche Unterstützung, sondern die Festkörperphysiker, die die Basistechnologie für die Mikroelektronik – den Halbleiter – erfanden. Noch 1970 mußte Japan integrierte Schaltkreise aus den USA einführen, seit 1982 exportierte Japan bereits dreimal soviel wie die USA und erzielte allein im Halbleiterbereich gegenüber den USA einen Gewinn von 200 Mio. Dollar. (Queisser, S. 206) Heute produziert Japan 70% des Weltmarkts, die Bundesrepublik nur 5%. Der Markt allein in den USA, Japan und der Bundesrepublik macht zusammen 30 Mrd. Dollar aus.

Hätten wir die 30 Mrd. DM, die wir bisher für Atomenergie ausgegeben haben, nur zu einem kleinen Teil in die Mikroelektronik gesteckt, hätten wir eine blühende Elektronikindustrie, die Jahr für Jahr Milliardenumsätze macht.

Im übrigen ist es an der Zeit, daß im Hinblick auf die Atomkraft in den internationalen Beziehungen endlich die Voraussetzungen einer Politik der guten Nachbarschaft geschaffen werden. Das bezieht sich auf die Planung, Standortwahl, Sicherheit und Betrieb von Atomreaktoren. Wir brauchen eine internationale Konvention für die zivile Nutzung der Atomkraft. Sie muß folgende Grundsätze enthalten:

– Verpflichtung der Staaten bei der Standortwahl von Atomanlagen, die Nachbarn im voraus zu informieren und zu konsultieren. Grundlage dafür bilden international bindende Maßstäbe über Sicherheitsstandards und die Emissionsgrenzen für Radioaktivität im Normalbetrieb.

- Verpflichtung der Staaten zur internationalen Haftung bei Unfällen.

- Verpflichtung der Staaten zur gegenseitigen Information über den laufenden Betrieb der Anlagen (Brennelementwechsel, Wartung etc.)

- Verpflichtung der Staaten zur Erarbeitung von grenzüberschreitenden Katastrophenplänen und der gegenseitigen Unterstützung bei Notfällen.

Diese Regeln sind das Minimum, das die internationale Völkergemeinschaft von denjenigen verlangen kann, die meinen, sich selbst und ihren Nachbarn auf die Dauer das Risiko der Atomkraft zumuten zu können. Wenn alles so sicher und ungefährlich ist, wie behauptet wird, dann dürften sich bei der Ausarbeitung und Ratifizierung dieser Konvention keine unüberwindlichen Hindernisse in den Weg stellen. Es ist höchste Zeit, daß eine solche Initiative ergriffen wird.

Anhang

Quellenverzeichnis und ausgewähltes Literaturverzeichnis

Rolf Bauerschmidt	Kernenergie oder Sonnenenergie München 1985
Ernst Bloch	Das Prinzip Hoffnung Frankfurt 1959
Ludwig Bölkow	Energie im nächsten Jahrhundert Rede anläßlich der Mitgliederversammlung der VIK Düsseldorf 9.11.84
Leo Brandt	Die 2. industrielle Revolution München 1956, Rede auf dem SPD-Parteitag
Bundesminister für Forschung und Technologie (Hrsg.)	Energiediskussion Information – Argumente – Meinungen 1/2/79
Bundesminister für Umwelt, Naturschutz und Reaktorsicherheit	Auswirkungen des Reaktorunfalls in Tschernobyl in der Bundesrepublik Deutschland Veröffentlichungen der Strahlenschutzkommission, Bd. 5
Bundesminister für Verkehr (Hrsg.)	Verkehr in Zahlen Bonn 1985
Deutscher Bundestag Presse- und Informationszentrum (Hrsg.)	Bericht der Enquete-Kommission des Deutschen Bundestages Zukünftige Kernenergiepolitik Teil I/Teil II Bonn 1980
Reinhard Dahlberg	Das Dahlberg-Programm Sonne aus: Bild der Wissenschaft Energie aus Sonne und Wind extra

Erhard Eppler — Alternativszenarium zur Energiepolitik in: Frankfurter Rundschau 27. u. 29.6.79

Der Atombericht der Ford-Foundation — Das Veto
Ein kritisches Handbuch zu den Problemen der Kernenergie
Hamburg 1979

Fraunhofer-Gesellschaft
Institut für Systemtechnik und Innovationsforschung — Mitteilungen
Nr. 13–19–81, 1982

Fraunhofer-Gesellschaft — Möglichkeiten der Energieeinsparung durch die Mikroelektronik
Karlsruhe 1981

Fraunhofer-Gesellschaft
Institut für solare Energiesysteme und Institut für Systemtechnik und Innovationsforschung — Photovoltaische Solarenergienutzung
Freiburg/Karlsruhe 1986

Fraunhofer-Institut für Systemtechnik und Innovationsforschung/ Deutsches Institut für Wirtschaftsforschung — Abschätzung des Potentials erneuerbarer Energiequellen in der Bundesrepublik
Berlin/Karlsruhe 1984

Gesellschaft für Reaktorsicherheit (Hrsg.) — Deutsche Risikostudie Kernkraftwerke
Bonn 1979

Volker Hauff — Dreißig Jahre Diskussion zu der Kernkraft in der SPD
Rede auf dem Parteirat der SPD am 27. Mai 1986 in Hannover

Jost Herbig — Kettenreaktion
Das Drama der Atomphysiker
München 1979

Der hessische Minister für Umwelt und Energie — Energieversorgung ohne Atomkraft
Wiesbaden 1986

Ulrich Höpfner, Mario Schmitt und Dieter Teufel — Die Folgen von Tschernobyl. Eine allg. Einführung in die Problematik der Radioaktivität. Heidelberg 1986, 2. Aufl.

IFO-Schnelldienst 27/84 — Sinkender Energiebedarf bis 2000

Institut für Systemforschung und Prognose (ISP) — Zwei Szenarien zum Ausstieg aus der Kernenergie. Juni 1986, Hannover

Institut für ökologische Wirtschaftsforschung/Institut für angewandte Ökologie — Qualitative Abschätzung der kurz- und langfristigen Wirkungen eines Ausstiegs aus der Kernenergie. August 1986, Berlin/Freiburg

Hans Jonas — Das Prinzip Verantwortung. Frankfurt 1979

Robert Jungk — Der Atomstaat. München 1977

Günter Karweina — Der Stromstaat. Hamburg 1984

Kaske/Ruckelshauß — Entwicklungslinien der Wasserstofftechnologie aus: Umschau 83, Heft 16

Kernforschungsanlage Jülich (KfA) — Folgewirkungen eines Ausstiegs aus der Kernenergie. Juni 1986

Kursbuch Nr. 85 — GAU – Die Havarie der Expertenkultur. Berlin 1986

Amory Lovins — Sanfte Energie. Reinbek 1978

A. u. H. Lovins — Atomenergie und Kriegsgefahr. Reinbek 1983

Klaus-Michael Meyer-Abich/Bertram Schefold — Die Grenzen der Atomwirtschaft. München 1986

Monopolkommission	Hauptgutachten 1973/75 Mehr Wettbewerb ist möglich Baden-Baden 1976
Pressedienst der Deutschen Bischofskonferenz (Hrsg.)	Dokumentation der Äußerungen des Vorsitzenden der Deutschen Bischofskonferenz, Kardinal Höffner, zur Kernenergie Bonn 15.9.86
Prognos I Europäisches Zentrum für Angewandte Wirtschaftsforschung	Die Entwicklung des Energieverbrauchs in der Bundesrepublik Deutschland und seine Deckung bis zum Jahr 2000, Kurzfassung 1984
Prognos II Europäisches Zentrum für Angewandte Wirtschaftsforschung	Auswirkungen niedriger Ölpreise auf den Energieverbrauch in der Bundesrepublik Deutschland, 1985
Prognos III Europäisches Zentrum für Angewandte Wirtschaftsforschung	Auswirkungen alternativer Kraftwerksparstrukturen auf die Stromerzeugungskosten und die wirtschaftliche Entwicklung in der Bundesrepublik Deutschland, 1986
Hans Queisser	Kristallene Krisen München 1985
Joachim Radkau	Aufstieg und Krise der deutschen Atomwirtschaft Reinbek 1983
Alexander Roßnagel	Radioaktiver Zerfall der Grundrechte? München 1984
Rheinisch-Westfälisches Institut für Wirtschaftsforschung (RWI)	Die Wettbewerbsfähigkeit der deutschen Wirtschaft bei verschiedenen Energieversorgungsstrukturen, Essen 1981
Rheinisch-Westfälisches Institut für Wirtschaftsforschung (RWI)	Qualitative und quantitative Abschätzung der kurz- und langfristigen Wirkungen des Verzichts auf Kernenergie Essen, August 1986

Helmut Schaefer	Ist Energiesparen noch aktuell? aus: Energiewirtschaftliche Tagesfragen 1986, Heft 4
Carlo Schmid	Mensch und Technik München 1956, Rede auf dem SPD-Parteitag in München
Sondergutachten des Rats von Sachverständigen für Umweltfragen	Energie und Umwelt, März 1981 BT-Drucksache 9/872 vom 6.10.81
Zwischenbericht der SPD-Kommission »Sichere Energieversorgung ohne Atomkraft«	Die Lehren aus Tschernobyl von der Empörung zur Reform Bonn 1986
Stobauch/Yergin	Energiereport der Harvard Business School München 1980
Klaus Traube/Otto Ullrich	Billiger Atomstrom? Hamburg 1982
Klaus Traube	Plutoniumwirtschaft Reinbek 1984
Klaus Traube u. a.	Nach dem Super-GAU Tschernobyl und die Konsequenzen Reinbek 1986
Vereinigung Deutscher Elektrizitätswerke	Frankfurter Rundschau 19.7.79
Walter Wallmann	Verantwortung für Mensch und Natur: Perspektiven einer umweltfreundlichen Energieversorgung Rede Energiepolitischer Fachkongreß der CDU, 27.8.86, Bonn
Carl Friedrich von Weizsäcker	Deutlichkeit München 1978
Carl Friedrich von Weizsäcker	Diagnose zur Aktualität München 1979

Hans-Joachim Ziesing

Energiewirtschaft und Energiepolitik in der Bundesrepublik Deutschland vor neuen Herausforderungen, Beilage, das Parlament 1986

Abkürzungsverzeichnis

a	– Jahr
AEG	– Allgemeine Elektrizitäts-Werke
BBC	– Brown-Boverie-Cie.
BSP	– Bruttosozialprodukt
CFK	– Chlor-Fluor-Kohlenwasserstoff
CO_2	– Kohlendioxid
DGB	– Deutscher Gewerkschaftsbund
DIW	– Deutsches Institut für Wirtschaftsforschung, Berlin
FHG-ISI	– Fraunhofergesellschaft – Institut für Systemtechnik und Innovationsforschung, Karlsruhe
GAU	– Größter anzunehmender Unfall bei einem Atomkraftwerk
GFVA-VO	– Großfeuerungsanlagenverordnung
GW	– Gigawatt
h	– Stunden
IFO	– Institut für Wirtschaftsforschung, München
INFCE	– International-Fuel-Cycle-Evalution
IÖW	– Institut für ökologische Wirtschaftsforschung, Berlin
ISP	– Institut für Systemforschung und Prognose, Hannover
KfA	– Kernforschungsanlage Jülich
KfK	– Kernforschungszentrum Karlsruhe
KPdSU	– Kommunistische Partei der Sowjetunion
kW	– Kilowatt
MW	– Megawatt
MZFR	– Mehrzweckforschungsreaktor
NO_x	– Stickoxid
RSK	– Reaktorsicherheitskommission
RWE	– Rheinisch-Westfälisches Elektrizitätswerk
RWI	– Rheinisch-Westfälisches Institut für Wirtschaftsforschung, Essen
Öko	– Institut für angewandte Ökologie, Freiburg
SKE	– Steinkohleneinheit
SO_2	– Schwefeldioxid
SSK	– Strahlenschutzkommission
TA-Luft	– Technische Anleitung Luft
VDEW	– Vereinigung Deutscher Elektrizitätswirtschaft
VIK	– Vereinigung Industrielle Kraftwirtschaft

Ausgewählte Daten zur Energiewirtschaft

1. Primärenergieverbrauch – weltweit in Mio. t SKE

	insgesamt	Öl	Kohle	Gas	Wasser	Atomkraft
1950	2657	705	1473	243	236	–
1960	4273	1420	1981	593	277	2
1970	7492	3309	2370	1345	440	28
1975	8638	3951	2477	1573	512	125
1980	10013	4348	2903	1897	620	245
1984	10479	4093	3154	2094	715	425
1985	10751	4074	3303	2163	722	489
	Anteile in %					
1985	100	37,9	30,7	20,1	6,7	4,6

Quelle: Veba

2. Der weltweite Energieverbrauch nach Regionen und Energieträgern[1] 1974, 1979 und 1984

	1974	1979	1984	Durchschn. jährl. Veränd. 1974–1984 in vH	1974	1979	1984
	Mio. t Öläquivalent				**vH**		
Nordamerika							
Mineralöl	867,4	958,1	791,4	– 0,9	44,4	44,9	39,2
Naturgase	583,6	566,5	505,8	– 1,4	29,9	26,5	25,0
Kohlen	347,8	398,9	466,2	3,0	17,8	18,7	23,1
Wasserkraft	121,8	134,6	154,6	2,4	6,2	6,3	7,7
Kernenergie	32,4	77,9	101,3	12,1	1,7	3,6	5,0
Primärenergieverbr.	1953,0	2136,0	2019,3	0,3	100,0	100,0	100,0
Lateinamerika							
Mineralöl	166,4	203,6	217,7	2,7	66,7	64,6	60,3
Naturgase	37,8	49,1	61,6	5,0	15,2	15,6	17,1
Kohlen	13,0	15,9	17,8	3,2	5,2	5,0	4,9
Wasserkraft	32,0	45,6	62,0	6,8	12,8	14,5	17,2
Kernenergie	0,2	0,8	1,7	23,9	0,1	0,3	0,5
Primärenergieverbr.	249,4	315,0	360,8	3,8	100,0	100,0	100,0
Westeuropa							
Mineralöl	699,3	733,1	591,0	– 1,7	58,1	55,2	47,3
Naturgase	147,2	187,6	190,1	2,6	12,2	14,1	15,2
Kohlen	247,8	259,7	256,7	0,4	20,6	19,6	20,5
Wasserkraft	91,5	107,8	107,0	1,6	7,6	8,1	8,6
Kernenergie	18,4	40,0	104,6	19,0	1,5	3,0	8,4
Primärenergieverbr.	1204, 2	1328,2	1249,4	0,4	100,0	100,0	100,0
Afrika							
Mineralöl	50,4	65,9	82,4	5,0	49,6	43,1	42,2
Naturgase	3,6	16,5	17,8	17,3	3,5	10,8	9,1
Kohlen	40,4	58,1	76,9	6,6	39,7	37,9	39,3
Wasserkraft	7,3	12,5	17,4	9,1	7,2	8,2	8,9
Kernenergie	–	–	1,0	–	–	–	0,5
Primärenergieverbr.	101,7	153,0	195,5	6,8	100,0	100,0	100,0
Asien[2]							
Mineralöl	465,3	527,8	511,8	1,0	65,2	63,0	54,6
Naturgase	51,4	72,8	107,4	7,6	7,2	8,7	11,5
Kohlen	152,4	176,4	224,5	3,9	21,4	21,1	23,9
Wasserkraft	38,7	43,1	52,9	3,2	5,4	5,2	5,6
Kernenergie	5,4	17,1	41,1	22,5	0,8	2,0	4,4
Primärenergieverbr.	713,2	837,2	937,7	2,8	100,0	100,0	100,0
Zentralgeplante Länder							
Mineralöl	511,5	636,5	650,2	2,4	29,7	29,3	26,7
Naturgase	264,5	380,9	527,2	7,1	15,3	17,6	21,6
Kohlen	889,8	1066,7	1137,5	2,5	51,6	49,1	46,6
Wasserkraft	52,4	69,8	91,5	5,7	3,0	3,2	3,8
Kernenergie	6,0	17,2	32,5	18,4	0,4	0,8	1,3
Primärenergieverbr.	1724,2	2171,1	2438,9	3,5	100,0	100,0	100,0
Welt, insgesamt							
Mineralöl	2760,3	3125,0	2844,5	0,3	46,4	45,0	39,5
Naturgase	1088,1	1273,4	1409,9	2,6	18,3	18,3	19,6
Kohlen	1691,2	1975,7	2179,6	2,6	28,4	28,5	30,3
Wasserkraft	343,7	413,4	485,4	3,5	5,8	6,0	6,7
Kernenergie	62,4	153,0	282,2	16,3	1,1	2,2	3,9
Primärenergieverbr.	5945,7	6940,5	7201,6	1,9	100,0	100,0	100,0

1) Nur kommerziell gehandelte Energieträger; – 2) Einschließlich Länder des mittleren Ostens.
Quellen: BP statistical review of world energy, june 1985; Berechnungen des DIW.

3. Bundesrepublik Primärenergieverbrauch nach Energieträgern in Mio. t SKE

Energieträger	1980	1981	1982	1983	1984	1985
Steinkohlen	77,1	78,2	76,7	77,7	79,3	79,2
Braunkohlen	39,2	39,8	38,4	38,3	38,4	36,0
Mineralöle	185,7	167,5	159,8	158,5	158,0	161,0
Naturgase[1]	64,4	60,1	55,1	56,7	59,7	59,7
darunter: Erdgas, Erdölgas .	63,6	59,3	54,3	55,9	58,8	58,8
Wasserkraft, Außenhandelssaldo Strom . . .	7,6	8,6	8,1	9,0	6,8	6,0
Kernenergie	14,3	17,6	20,9	21,6	30,4	41,3
Sonstige Energieträger[2]	1,9	2,3	2,5	2,9	3,5	3,8
Insgesamt	390,2	374,1	361,5	364,7	376,1	387,0
davon: Primärenergieträger	352,8	333,3	320,4	309,9	320,8	
Sekundärenergieträger	37,4	40,8	41,1	54,8	55,3	

1) Erdgas, Erdölgas, Grubengas und Klärgas
2) Brennholz, Brenntorf, Außenhandelssaldo Kokereigas sowie Klärschlamm, Müll, sonstige Gase und Abhitze zur Strom- und Fernwärmeerzeugung

Quelle: Veba

4. Bundesrepublik
Struktur des Energieverbrauchs in Mio. t SKE

	1980	1981	1982	1983	1984	1985
Primärenergieverbrauch .	390,2	374,1	361,5	364,7	376,1	385,2
Verbrauch und Verluste im Energiesektor, statistische Differenzen .	105,9	103,0	103,1	102,9	104,6	131,7 (1984–1985 zusammen mit Nichtenergetischer Verbr.)
Nichtenergetischer Verbr.	27,4	24,7	23,4	25,8	26,0	
Endenergieverbrauch . .	256,9	246,4	235,0	236,0	245,5	253,5
davon: übriger Bergbau u. verarbeitendes Gewerbe	88,1	84,7	76,9	75,8	78,0	78,5
Verkehr	56,8	54,9	55,2	56,3	58,1	58,4
Haushalte u. Kleinverbr.	108,6	103,3	99,0	100,2	105,8	113,2
Milit. Dienststellen . . .	3,4	3,5	3,9	3,7	3,6	3,4
Anteil am Primärenergieverbrauch in %						
Verbrauch u. Verluste im Energiesektor, statistische Differenzen .	27,2	27,5	28,5	28,2	27,8	27,8
Nichtenergetischer Verbr.	7,0	6,6	6,5	7,1	6,9	6,4
Endenergieverbrauch . .	65,8	65,9	65,0	64,7	65,3	65,8
Anteil am Endenergieverbrauch in %						
Übriger Bergbau und verarbeitendes Gewerbe	34,3	34,4	32,7	32,1	31,7	30,8
Verkehr	22,1	22,3	23,5	23,9	23,7	23,0
Haushalte und Kleinverbraucher	42,3	41,9	42,2	42,4	43,1	44,9
Milit. Dienststellen . . .	1,3	1,4	1,6	1,6	1,5	1,3

Quelle: Veba

5. Engpaßleistung der Kraftwerke in der Bundesrepublik Deutschland (Stand: 31. 12. 1985[1])

Energieträgerbasis	Öffentliche Versorgung	Industrie	Deutsche Bundesbahn	Insgesamt
	in MW (brutto)			
Steinkohle[2]	25650	7442	658	33750
Braunkohle	12774	795	–	13569
Kernenergie	17091	–	155	17246
Gas	10330	3055	215	13600
Öl	10700	2000	–	12700
Wasser	6146	215	339	6700
Müll und Sonstige	671	564	–	1235
Insgesamt	83362	14071	1367	98800
Energieträgerbasis	in MW (netto)			
Steinkohle	23990	6972	616	31578
Braunkohle	12200	745	–	12945
Kernenergie	16232	–	150	16382
Gas	9922	2861	201	12984
Öl	10240	1873	–	12113
Wasser	6124	212	334	6670
Müll und Sonstige	614	528	–	1142
Insgesamt	79322	13191	1301	93814

1) Vorläufige Schätzwerte
2) einschließlich Steinkohlenmischfeuerung

Quelle: Bundesministerium für Wirtschaft

6. Kapazitäten und Auslastung des vorhandenen Kraftwerksparks (Stand 1985) in der Bundesrepublik

Energieträger	installierte Kraftwerksleistung	Stromabgabe (brutto)	Beschäftigung in
	MW_1	GWh	h/a
Wasserkraft	6700	17600	2630
Braunkohle	13600	88400	6500
Kernenergie	17000	126000	7400
Steinkohle/ Steinkohlen-mischfeuerung	33600	130000	3870
Öl	12600	9600	760
Gas	13600	32300	2380
Sonstige	1138	4796	4210
	98238	408696	∅ 4160
./. Eigenbedarf + Pumpstrom		27169	
Stromabgabe netto		381527	

Quelle: IG Bergbau und Energie

7. Brutto-Stromerzeugung 1973 bis 1985 in der Bundesrepublik

1. Stromerzeugung in Kraftwerken der öffentlichen Versorgung

Energieträger	1973	1984	1985*)	1973	1984	1985*)
	Mrd. kWh			Anteil in %		
Steinkohle	62,9	101,1	97,1	28,8	30,5	28,0
Braunkohle[1)]	73,1	90,0	83,6	33,5	27,2	24,1
Kernenergie	11,8	91,4	124,7	5,4	27,6	36,0
Erdgas	27,8	24,8	16,6	12,7	7,5	4,8
Heizöl[2)]	25,3	3,6	4,4	11,6	1,1	1,3
Wasser	13,5	16,3	15,5	6,2	4,9	4,5
Sonstige[3)]	3,4	4,0	4,5	1,8	1,2	1,3
Insgesamt	218,3	331,2	346,4	100,0	100,0	100,0

2. Stromerzeugung in allen Kraftwerken (öffentliche Versorgung, Industrie und Deutsche Bundesbahn)

Energieträger	1973	1984	1985*)	1973	1984	1985*)
	Mrd. kWh			Anteil in %		
Steinkohle	101,5	133,4	129,0	34,0	33,8	31,6
Braunkohle[1)]	77,1	94,8	88,0	25,8	24,0	21,5
Kernenergie	11,8	92,6	126,0	3,9	23,4	30,8
Erdgas	35,6	33,5	24,0	11,9	8,5	5,9
Heizöl[2)]	42,8	9,0	10,0	14,3	2,3	2,5
Wasser	15,5	18,5	18,0	5,2	4,7	4,4
Sonstige[3)]	14,7	13,1	13,6	4,9	3,3	3,3
Insgesamt	299,0	394,9	408,6	100,0	100,0	100,0

*) vorläufige Schätzwerte
1) einschließlich Hartbraunkohle und Braunkohlenbrikettabrieb
2) einschließlich Dieselöl
3) sonstige feste Brennstoffe, sonstige gasförmige Brennstoffe und übrige Brennstoffe wie Müll etc.

Quelle: Bundesministerium für Wirtschaft. Die Entwicklung der Elektrizitätswirtschaft in der Bundesrepublik Deutschland im Jahre 1984. In: Elektrizitätswirtschaft Heft 19/85 (Tafel 6): H. W. Schiffer. Entwicklungstendenzen auf dem Elektrizitätsmarkt der Bundesrepublik Deutschland im Jahre 1985. In: Elektrizitätswirtschaft Heft 5/1986.

8. Einsatz von Energieträgern zur Stromerzeugung in der Bundesrepublik Mio. t SKE

Energieträger	1974	1975	1976	1977	1978	1979
Steinkohlen	32,1	24,5	30,6	30,1	32,6	34,4
Braunkohlen	30,3	30,5	34,0	31,3	32,2	33,0
Sonstige feste Brennstoffe[1]	1,2	1,2	1,3	1,3	1,3	1,4
Heizöl[2]	8,7	8,6	9,7	8,3	8,8	7,9
Gase[3]	20,6	21,2	20,1	20,0	21,5	23,7
darunter: Naturgase[4]	16,1	17,6	16,4	16,7	18,8	20,2
Wasserkraft[5]	5,7	5,4	4,4	5,6	5,8	5,8
Kernenergie	4,1	7,1	7,9	11,8	11,8	13,9
Insgesamt	102,7	98,5	106,0	108,4	114,0	120,1
Energieträger	1980	1981	1982	1983	1984	1985
Steinkohlen	35,7	37,9	39,1	42,2	43,3	40,5
Braunkohlen	33,6	34,4	33,2	33,2	33,1	30,9
Sonstige feste Brennstoffe[1]	1,4	1,3	1,3	1,5	1,7	1,8
Heizöl[2]	7,1	5,4	4,8	3,5	2,6	2,7
Gase[3]	21,1	16,4	13,5	12,7	12,3	10,0
darunter: Naturgase[4]	17,6	13,4	10,8	10,4	9,5	7,1
Wasserkraft[5]	5,9	6,3	6,2	5,9	5,8	5,5
Kernenergie	14,3	17,6	20,9	21,6	30,4	41,3
Insgesamt	119,1	119,3	119,0	120,6	128,2	132,0

[1] Brennholz, Klärschlamm, Müll, Petrolkoks, sonstige Gase und Abhitze
[2] Einschließlich Dieselkraftstoff
[3] Flüssiggas, Raffineriegas, Kokereigas, Gichtgas und Naturgase
[4] Erdgas, Erdölgas, Grubengas und Klärgas
[5] Einschließlich Pumpstromverbrauch

Quelle: ArG Energiebilanzen

9. Aufkommen und Verwendung von Elektrizität in der Bundesrepublik 1973–1985

	1973		1984		1985*)	
	Mrd. kWh	%	Mrd. kWh	%	Mrd. kWh	%
Brutto-Erzeugung im Inland	299,0	—	394,9	—	408,6	—
– Eigenverbrauch der Kraftwerke	18,9	—	23,5	—	24,4	—
= Netto-Erzeugung im Inland	280,1	94,0	371,4	95,0	384,2	95,5
+ Einfuhr	18,0	6,0	19,5	5,0	18,3	4,5
= Gesamt-Aufkommen	298,1	100,0	390,9	100,0	402,5	100,0
– Ausfuhr	7,7	—	15,5	—	16,1	—
= im Inland verfügbares Aufkommen	290,4	—	375,4	—	386,4	—
– Pumpstromverbrauch	2,2	—	2,5	—	2,8	—
= Gesamtstromverbrauch	288,2	—	372,9	—	383,6	—
– Netzverluste und Nichterfaßtes	14,6	—	15,1	—	15,7	—
= Netto-Stromverbrauch	273,6	100,0	357,8	100,0	367,9	100,0
davon:						
Industrie	158,4	57,9	178,9	50,0	183,2	49,8
Private Haushalte	60,2	22,0	94,1	26,3		
Übrige Kleinverbraucher	46,1	16,8	74,2	20,7	184,7	50,2
Verkehr	8,9	3,3	10,6	3,0		

*) vorläufige Werte — Quelle: Bundesministerium für Wirtschaft

10. Atomkraftwerke in der Bundesrepublik

Atomkraftwerk	Jahr der Inbetriebnahme	Leistung netto in MW	spezif. Invest. DM/kW ne	Gesamt-Invest. Mrd. DM	Restlaufzeit in Jahren	Abschreibungssumme bis 1984 in Mrd. DM
Obrigheim	1969	330	600	0,20	3	0,08
Stade	1972	630	700	0,44	6	0,31
Biblis A	1975	1 150	700	0,81	9	0,45
Würgassen	1975	635	900	0,57	9	0,31
Neckar	1976	810	900	0,73	10	0,37
Biblis B	1977	1 235	1 200	1,48	11	0,67
Brunsbüttel	1977	765	1 200	0,92	11	0,41
Isar (Ohu)	1979	860	1 700	1,46	13	0,51
Unterweser	1980	1 235	1 900	2,35	14	0,71
Philippsburg 1	1980	855	1 900	1,62	14	0,49
Zwischensumme		8 505		10,58		4,31
Grafenrheinfeld	1981	1 235	2 200	2,72	15	0,68
Krümmel	1983	1 260	2 800	3,52	19	0,53
Gundremmingen B	1984	1 244	3 150	3,90	18	0,32
Grohnde	1985	1 300	3 300	4,30	19	0,22
Gundremmingen C	1985	1 244	3 300	4,10	19	0,20
Philippsburg 2	1985	1 268	3 300	4,20	19	0,21
Mülheim-Kärlich	1986	1 223	3 500	4,30	20	–
Brokdorf	1986	1 290	3 500	4,50	20	–
Gesamt		18 369		42,10		6,65

Mittlere spezifische Investitionskosten – der in Betrieb befindlichen Kernkraftwerke: ca. 2300 DM/kW netto,
– der vor 1980 in Betrieb genommenen ca. 1 250 DM/kW.

Unterstellte Gesamtlaufzeit: 20 Jahre

Quelle: ISP

11. Zeitverfügbarkeit der Kernkraftwerke in der Bundesrepublik Deutschland bis 31. 12. 1985

	Zeitverfügbarkeit (%)																	Durchschnitt seit Übergabe bis
	1969	1970	1971	1972	1973	1974	1975	1976	1977	1978	1979	1980	1981	1982	1983	1984	1985	31. 12. 85
DWR-Kraftwerke																		
KWO Obrigheim	88,8	83,9	76,9	80,1	89,8	92,1	91,5	80,7	77,0	78,4	85,8	76,2	87,3	86,0	69,1	88,8	88,8	83,4
KKS Stade				78,0	73,1	92,0	84,8	94,4	94,1	95,1	77,3	76,7	84,7	88,5	87,5	89,3	88,6	86,2
Biblis A							82,3	52,6	67,0	74,5	85,7	46,9	71,8	88,2	77,4	70,3	77,6	72,1
GKN Neckar								88,2	74,3	75,1	53,6	80,5	88,0	85,8	90,3	86,7	91,9	80,7
Biblis B									85,7	68,7	82,8	65,6	77,7	87,7	61,3	83,5	79,0	76,8
KKU Unterweser											97,3	89,2	86,8	91,6	82,1	90,0	94,5	89,4
KKG Grafenrheinfeld														99,2	90,2	89,8	93,1	92,3
KWG Grohnde[1]																	95,6	95,6
KKP-2 Philippsburg[1]																	96,9	96,9
SWR-Kraftwerke																		
VAK Kahl[2]	85,1	86,5	86,2	0	37,0	70,8	52,6	74,6	73,8	54,4	78,7	76,7	75,1	87,8	75,6	87,6	94,1	71,4
KWW Würgassen							91,6	83,2	82,1	63,0	36,8	95,3	84,5	39,7	27,6	80,8	90,7	68,5
KKB Brunsbüttel									51,5	38,4	0	15,4	84,8	57,2	37,0	85,7	87,5	50,9
KKI Isar											40,4	65,9	67,1	25,5	98,5	82,7	86,3	67,4
KKP-1 Philippsburg												25,9	16,7	71,2	75,1	85,2	88,2	61,0
KKK Krümmel																—	91,0	93,5
KRB B Gundremmingen																—	89,6	89,6
KRB C Gundremmingen																		
HTR-Kraftwerke																		
AVR Jülich	71,7	84,5	78,6	76,6	89,8	70,8	87,2	91,8	57,7	35,4	28,0	43,9	67,4	65,9	82,2	58,1	74,8	67,4
Kraftwerke mit schnellem Reaktor																		
KNK II[3]										19,1	22,4	29,7	40,2	39,7	19,5	47,6	45,3	33,8

[1] Ab Übernahme durch den Betreiber.
[2] Zeitverfügbarkeit in % im Jahr 1961: 58,9; 1962: 74,9; 1963: 42,8; 1964: 71,0; 1965: 87,6; 1966: 73,6; 1967: 69,3; Stillegung am 25. 11. 1985. Seit 1978 Verfügbarkeit beeinflußt durch Versuchsprogramm.
[3] Verfügbarkeit abhängig vom speziellen Versuchscharakter der Anlage, Betriebsende Schneller Kern KNK II/I am 30. 8. 1982.

12. Arbeitsausnutzung der Kernkraftwerke in der Bundesrepublik Deutschland bis 31. 12. 1985

	Arbeitsausnutzung (%)																	Durchschnitt seit Übergabe bis
	1969	1970	1971	1972	1973	1974	1975	1976	1977	1978	1979	1980	1981	1982	1983	1984	1985	31. 12. 85
DWR-Kraftwerke																		
KWO Obrigheim	87,9	83,8	74,7	79,3	87,0	87,7	90,4	77,1	75,2	77,4	82,4	73,7	83,6	83,7	67,9	86,3	87,1	81,5
KKS Stade				73,4	71,2	91,9	81,3	93,9	93,6	91,3	76,5	74,8	83,7	86,9	86,5	88,4	86,6	84,9
Biblis A							89,1	51,0	61,8	70,8	66,1	38,5	68,2	89,2	77,4	69,1	75,3	70,1
Biblis B									74,7	53,5	57,2	52,4	75,5	85,6	60,5	76,7	71,5	68,7
GKN Neckar								85,4	70,4	70,2	50,8	77,8	84,8	82,4	84,0	84,2	88,5	77,1
KKU Unterweser											96,7	85,9	83,8	84,9	76,4	87,7	92,2	85,5
KKG Grafenrheinfeld														97,9	87,8	89,0	89,9	90,3
KWG Grohnde[1]																	95,2	95,2
KKP-2 Philippsburg[1]																	94,4	94,4
SWR-Kraftwerke																		
VAK Kahl[2]	68,7	88,5	87,3	0	37,8	69,5	58,1	81,1	81,4	43,1	64,2	66,4	60,3	69,2	55,7	71,9	70,8	61,9
KWW Würgassen							66,9	65,3	64,7	48,7	27,2	67,4	64,7	19,8	25,3	79,6	82,8	54,8
KKB Brunsbüttel									48,5	35,6	0	10,6	66,4	51,1	34,2	78,9	83,3	45,1
KKI Isar											29,8	55,2	54,6	21,1	93,9	73,3	85,4	64,9
KKP-1 Philippsburg												22,5	14,5	66,5	72,7	83,3	80,9	57,1
KKK Krümmel																87,4	84,3	88,6
KRB B Gundremmingen																71,6	87,7	86,8
KRB C Gundremmingen																	83,9	87,4
HTR-Kraftwerke																		
AVR Jülich[3]	55,8	71,9	74,4	74,9	87,8	69,5	84,4	90,7	50,4	34,5	12,9	38,2	64,7	64,0	78,3	56,0	75,1	64,2
Kraftwerke mit schnellem Reaktor																		
KNK II[4]										5,3	17,1	23,7	26,4	22,5	13,5	38,7	34,8	24,7

1) Ab Übernahme durch den Betreiber.
2) Seit 1961 in Betrieb. Arbeitsausnutzung 1968: 77,0%, seit 1978 durch Versuchsprogramm beeinflußt. Stillegung am 25. 11. 1985.
3) Arbeitsausnutzung 1968: 31,5%.
4) Ausnutzung abhängig vom speziellen Versuchscharakter der Anlage.

Quelle: Atomwirtschaft